AF137586

Joachim Heinrich Jung

Die grosse Panacee wider die Krankheit des Religionszweifels

Joachim Heinrich Jung

Die grosse Panacee wider die Krankheit des Religionszweifels

ISBN/EAN: 9783743442344

Hergestellt in Europa, USA, Kanada, Australien, Japan

Cover: Foto ©ninafisch / pixelio.de

Manufactured and distributed by brebook publishing software (www.brebook.com)

Joachim Heinrich Jung

Die grosse Panacee wider die Krankheit des Religionszweifels

Die große
Panacee

wider die

Krankheit

des

Religionszweifels

von

Johann Heinrich Jung

Doktor der Arzneygelahrtheit
zu Elberfeld.

Frankfurt am Mayn
bey den Eichenbergischen Erben
1776.

Dem

Der da ist

Der da war

und

Der da seyn wird

heiliget diese Blätter

der

Verfasser.

Dir Ewigem! Dir flammt mein liebend
Herz entgegen!

Dir! der den Himmel dreht, und tausend
Welten lenkt.

Du fährst auf Wolken hin, und strömest Schutz
und Seegen,

Dem Wurm, der niedrig kriecht, dem
Wurm, der niedrig denkt!

Schau auf, Du Menschenherr, von Deinem
Thron hernieder!

Auf Menschen, die Du liebst, und gar mit
Namen nennst.

Enthüll Dein blitzend Licht der Wahrheit endlich wieder!

Da Du in einem Blick ihr ganz Bedürfniß
kennst?

Vor Deinem Saphirthron, weh'n süße Lebens-
winde;

Ein düstrer Nebel hält uns ihren Zufluß auf;

Du Sonnenvater komm, zerstrahle sie geschwinde!
Und laß dem Lebenswind doch endlich freyen
Lauf.

Einleitung
Quellen des Unglaubens.

Folgende Blätter enthalten die Beschreibung, den Gebrauch und die Würkungen eines Arzneymittels von äusserster Wichtigkeit. — Es ist unfehlbar, aber seine Anwendung, wenigstens im Anfang, etwas schwer; doch lange nicht so mühsam, als man sichs einbildet. Wer sich nur einmal mit festem Vorsatz der Kur unterzieht, der wird alsofort anfangen, ihre vortrefliche Würkungen zu erfahren; und diese Empfindungen helfen alsdann schon den Ueberdruß und die Schmer-

zen

zen, welche diese Medicin verursachen könnte, ertragen.

Ist es doch gewiß der Mühe wohl werth,
aus einer Betäubung herausgerissen, aus
einer Ungewisheit hervorgezogen, und
zu einer unendlichen Gemüthsruhe und Empfindung des gröſten Friedens überführet zu
werden, ein klein wenig Mühe, Selbstver-
läugnung oder Wehethun zu leiden!

Ein Mensch, der staarblind ist, oder
sonsten ein leibliches Gebrechen hat, unterwirft sich ja oft den schmerzhaftesten Opera-
tionen, um nur, eine kurze Lebenszeit durch,
mit mehrerer Bequemlichkeit leben zu können;
sollte man denn nicht ein höchst zuverläßiges
Arzneymittel mit beyden Händen ergreifen,
wodurch der edelste Theil des Menschen, der
unsterbliche, gegen alles wahre Gute und
Schöne höchst empfindsame Geist, unfehlbar
vollkommen gesund, von seinen moralischen
Gebrechen befreyt, und zur höchsten unendlichen Wonne, in Besitzung des Innbe-
griffs alles dessen, was nur Wahrheit, Güte und Schönheit genannt werden kann, unaussprechlich gewiß übergeführt wird? —

Alles

Alles dieses, was ich da gesagt habe, ist nichts weniger, als Einbildung, es ist ewige Wahrheit; die Erfahrung wirds einen jeden lehren, der redlich gnug ist, sich in diese Kur zu begeben, und in derselben getreulich auszuhalten.

Der herrschende Geschmack unserer Zeiten ist: an der Religion zu zweifeln, ein Genie zu heissen, das Dichtungsvermögen zu cultiviren, schön zu reden und zu schreiben, empfindsam bekannt mit den alten Dichtern, und selbsten ein Poet zu seyn.

Alle diese Eigenschaften zusammengenommen, machen den großen Mann aus, durch dessen Wohnungsort man nicht reisen muß, ohne ihn gesehen, und ihm seine Aufwartung gemacht zu haben. —

Ich will weder der Dummheit noch dem Aberglauben das Wort reden. Die Kultur des menschlichen Geistes und Herzens kann nicht zu hoch getrieben werden. Allein wie sehr wär doch auch zu wünschen, daß die christliche Religion, vermög ihrer vortreflichen Moral und geistaufklärenden Glaubenslehre, das vornehmste Werkzeug zur Menschenverbesserung abgeben möchte! — Gewis!

A 4   der

der Religionszweifel ist ein erschröcklicher Verfall unserer Zeiten. Ich will suchen seine wahre Quellen zu entdecken.

In vorigen Jahrhunderten herrschten Aberglauben und Irrthümer unter den Menschen; die Ausbildung des Geistes beruhete blos auf den Lehren der scholastischen Wortklaubereyen. Die Verstandeskräfte wurden dadurch mehr verwirrt, als entwickelt. Wer also zu diesen Zeiten das Glück hatte, angebohrne Fähigkeiten zu besitzen, der schwung sich über andere hin; man betrachtete ihn gemeiniglich, wie ein schädliches, gifthauchendes Meteor; die Pharisäer, und Schriftgelehrten verfolgten und tödteten ihn, wo und wann sie konnten; dabey litte die Menschenliebe und die Natur selber. Aber was thate das? — Man glaubte Gott einen Dienst zu thun.

Mächtige unternehmende Geister, Männer, die allemal in der Geschichte der Menschheit Epoque machen, traten vor und nach auf, und reinigten die Schulen, einer in dieser, der andere in jener Ecke, einer mehr, der andere weniger; bis endlich Leibnitz aufstand, und aus der tiefen Fülle seiner Seele Materialien hervorhohlte, aus denen

nen **Wolf** seinen vortreflichen großen philoſophiſchen Bau aufgeführet hat. Nun freuete ſich die ganze Welt, das ganze ſcholaſtiſche Sternenheer fienge an zu verſchwinden, es wurde Licht überall; und nun glaubte man: die Sonne der Wahrheit ſey im Begriff, aufzugehen; man glaubts noch, allein im Vertrauen geſagt, mir iſt bang, es ſey noch nichts mehr, als der bloße Vollmond geweſen. Doch, wenn der Himmel nur hell iſt, ſo kann man ſich zur Noth damit behelfen.

Nun fienge ein jeder an, der ſich nur mit Wiſſenſchaften abgeben, und der ſtudiren wollte, ſeine Vernunft mit **Wolfiſcher** Logik und Metaphyſik zu waffnen; und alle, die es ſo machten, hatten recht.

Sachen, die auf Erfahrungen und daraus gefolgerten Vernünftſchlüſſen beruhen, muſten nothwendig auf dieſe Weiſe in ſeltenes Licht geſetzt werden, ſie muſten gewinnen, und Wiſſenſchaften, die durch die Vernunft erreicht werden müſſen, muſten nun anfangen, mit Rieſenſchritten der vollen Gewisheit entgegen zu eilen. So wähnte man. Doch hat der Erfolg gelehrt, oder die alles umſchaffende Mode hat es ſo mit ſich gebracht:

A 5

gebracht: daß man das Ziel menschlicher
Vollkommenheit so nahe noch nicht fand,
und man nun den Weg der Schöngeiste-
rey und der Empfindsamkeit für zuträglicher
erkannt hat.

Eben dieses Glück versprach man sich
auch zum Theil von der Religion; allein
hier giengs den Gottesgelehrten, wie den
Knaben, die einen steilen Berg auf einem
schlüpfrigen beeisten Weg hinauf laufen; einer purzelt über den andern her; einer macht
den andern fallen, und keiner kommt zur
Spitze. Man fienge an, in der dogmati-
schen Theologie und auf den Kanzeln zu de-
monstriren. Das gieng an, so lange man
es mit der Moral zu thun hatte. Die christliche Sittenlehre kann die strengste Demonstration aushalten, aber nicht so die Glaubenslehre; diese gründet sich auf Thatsachen,
die mehrentheils ausser dem gewöhnlichen
Lauf der Natur wunderbarer Weise vorge-
gangen sind, und deren Wahrheit die Grund-
lage aller Hoffnungen des Christen ist. Diese Wahrheit aber beruhet auf der Glaub-
würdigkeit verschiedener Zeugen, und der
Wahrscheinlichkeit aller Umstände, die nur
etwas zur Erläuterung der Sache beytragen;
folglich konnte die reinste logische Vernunft

in

in der Unterſuchung der Wahrheit von Chri=
ſto weiter nichts herausbringen, als bloſe
Wahrſcheinlichkeit. Es kann möglich ſeyn,
ja es iſt ſehr wahrſcheinlich, daß das alles
ſo paßiret iſt. Das iſt die ganze Summe al=
ler vernünftigen Unterſuchungen der Wahr=
heit und Zuverläßigkeit der evangeliſchen Ge=
ſchichte. Laßt es uns nur getroſt geſtehen!
Auf dieſer Seite iſt gar der Ort nicht, zur
Gewisheit in der Religion zu gelangen, und
auf dieſe Weiſe iſt niemalen die wahre
Menſchenverbeſſerung unterſtützt worden.
Aber was folgte aus den Verſuchen, die
Wahrheit der Religion durch logiſche Grün=
de zu beweiſen? Der gemeine Mann blieb
aus Faulheit in ſeinem hiſtoriſchen Wahn=
glauben; er iſt nicht gewohnt nachzudenken,
er glaubt lieber, was ihm der Prediger ſagt,
und hier mochte wohl wenig Schade geſche=
hen; der Denker aber that einen Blick in
die ungeſchaffene Vernunftreligion, und
entdeckte da eine Lücke, wovor ihm grauſte.
Hier iſt eigentlich der Geburtsort des Zwei=
fels. Die Vernunft war nun aus der
Schule her gewohnt, nichts zu glauben,
als was ſie mathematiſch erwieſen hatte, da
konnten alle warnende Einſchränkungen des
großen Wolfs nicht helfen, wenn er die
Demonſtration bles auf die Wiſſenſchaften
ver=

verwieß, in der Religion aber die Offenbarung zur Richtschnur des Glaubens setzte;
einmal vor all, alles muſte dem Zweifel unterworfen werden, was nicht unleugbar aus
der Vernunft erwiesen werden konnte; daher war es kein Wunder, daß Sachen, die
vor siebenzehnhundert und mehr Jahren geschehen sind, bezweifelt wurden, nachdem
man einmal vom alten Apoſtolischen Weg
zur Ueberzeugung ganz abgewichen war.

So war die Verfaſſung der chriſtlichen
Religion beschaffen, als ein Mann voll von
franzöſiſchem Witz und flüchtig überhin den-
kendem Geiſt in der Welt auftrat. (Ich
übergehe mit Fleiß viele andere seiner Vorläufer, und bleibe nur bey dem wichtigſten
stehen) Der arme Voltaire trat nun auch
herzu, spielte auf seiner Schaubühne den
Harlequin, und was die ernſthaften Denker
unter den Chriſten sich ins Ohr gesagt hatten, das flickte er zusammen, log noch ein
Bisgen dazu, und so machte er seine Farcen
fertig; alles lachte, und nun wurden auch
Nichtdenker überredet, daß es ein un-
gewiſſes Ding um die chriſtliche Religion
sey. Denn nichts reißt ein leichtſinniges
Gemüth leichter hin, als wenn eine, auch
nur scheinbare Wahrscheinlichkeit, mit Witz,
Spott,

Spott, luſtigen Einfällen und dergleichen gewürzet, und ſo vorgetragen wird. So, ein Koch iſt **Voltaire**; und leider! der dritte Theil der Menſchen iſt vergiftet.

Bey dieſen Umſtänden ſehen große und vernünftige Männer wohl ein, wie ſchlecht der Religion durch die neue Philoſophie gerathen worden; ſie wendeten deswegen alle Kräfte an, und brachten endlich den beſten Vernunftbeweiß heraus, der nur möglich iſt. Mich dünkt, Herr **Bonnet** hat alles geleiſtet, was durch die Vernunft zu leiſten iſt. Allein, was kommt heraus? — nichts anders, als daß die evangeliſche Geſchichte die höchſte Wahrſcheinlichkeit vor ſich habe. Aber auch dieſe höchſte Wahrſcheinlichkeit, wenn ſie auch ein redlicher ernſthafter Zweifler erkennt, ſo macht ſie ihn doch nicht gewiß; es gehört weit mehr dazu, den Menſchen in einer ſo unendlich wichtigen Sache, wie die von ſeiner ewigen Glückſeeligkeit iſt, zu überzeugen.

Es iſt alſo gewiß, und die Erfahrung lehrt es: daß alle diejenigen, die die Evangeliſche Wahrheiten durch Vernunftſchlüſſe beweiſen wollen, der chriſtlichen Religion
wenig

wenig Nutzen schaffen. Denn auf diese Weise wird kein Zweifler gründlich überzeugt, vielweniger das Herz gebessert, sondern das menschliche Geschlecht wird vielmehr vom wahren Glauben an **Christum**, in welchem alle Ueberzeugung lediglich zu finden ist, abgeführt; und dieses ist die erste Quelle des Verfalls des Christenthums.

Die Sinnlichkeit, der Hang unsere heimliche Begierden zu vergnügen, ist die andere Hauptquelle dieses Verderbens; sie ist Ursache daran, daß der Zweifel so schnellen Fortgang gewonnen hat. Wir leben in Zeiten, wo aller Ueberfluß, Pracht und Wollust um uns her alles erfüllet; unsere Lüste sehnen sich darnach, sie scheuen die Schranken, die sie davon zurückhalten, und mit diesen umzäunt sie vornemlich die Religion. Was Wunder also? daß die Menschen, besonders solche, die Mittel hatten, sich alle Vergnügen zu verschaffen, gleichsam frohlockten, als sie nur eine scheinbare Unwahrscheinlichkeit der evangelischen Geschichte zu entdecken glaubten, und dann noch dazu so feine kitzelnde und witzig spottende Bücher lasen, und ihre Scheinwahrheiten wie süßes Gift hineinschlürften. Da konnte auch die allertreuste Vernunft überräubt

räubt werden. Geschweige noch, daß der
ohnehin schwache Ueberrest ehemaliger Glau-
bensempfindungen gegen diesen Strom sollte
aushalten können.

Möchten wir Menschen doch mehr Rücksicht auf unsere natürliche Beschaffenheit
haben! Das Kind hat keine Begriffe,
macht keine Schlüsse, die Seele ist nach ihrem höhern Theil nur Kraft, nur Vermögen, sich und ihrer Empfindungen bewußt
zu seyn, alles, was in sie kommen soll, muß
ihr durch die fünf Sinnen beygebracht werden. Sie gewöhnt sich also sinnliche Begriffe an, bekommt einen unendlichen Hunger nach Erkenntnissen, sucht ihn durch ihre sinnliche Begierden zu sättigen, und wühlet also in der Mannigfaltigkeit der natürlichen Dinge herum; wählet, verwirft, hat
beständig nur augenblicklichen Genuß, und
fällt, ohne jemalen wahrhaftig gesättigt zu
werden, von einem auf das andere. Dieses ist die Sinnlichkeit, die von Anfang der
Welt her so sehr aller wahren Menschenverbesserung im Wege gestanden!

Wenn wir die Ursache davon nur mit
flüchtigem Blick überschauen, so fällt sie
uns sogleich in die Augen. Die Offenbarung

rung sowol, als die Weltweisheit lehren
uns: daß unsere Hauptpflicht, die Bestimmung unseres Daseyns seye: Uns und andere Menschen, so viel an uns ist, so
glückseelig zu machen, als wir der Glückseeligkeit fähig sind. Da wir nun Verstand, Wille und Empfindungsvermögen in
so hohem Grade besitzen, folglich auch nach
den Regeln der Vernunft, geschweige der
heiligen Schrift, nach dem Bilde Gottes geschaffen sind, so ist klar, daß eine vollkommene Aehnlichkeit mit Gott, so weit es unsere
Schranken zulassen, das endliche Ziel unserer Bestrebung nach einem bessern Zustand,
und der Zweck all unserer Sittenlehre seyn
müsse, und daß eben dieses das Ziel sey,
wornach wir auch andere zu führen schuldig sind; wenn es anders unsere Pflicht
ist, uns und andere Menschen vollkommen
glückseelig zu machen, so viel an uns ist,
und es unsere Schranken erlauben. Die
Gesetze, nach welchen wir uns in dieser
wahren Menschenverbesserung zu richten haben, lehret uns nun die Religion.

Nun ist es aber schmerzlich zu beklagen,
daß wir uns über diese Regeln so wenig
verstehen können, und so wenig darüber einig sind! Die Sinnlichkeit ist hier
eben

eben wiederum eine Haupturfache; fie hat
es fo weit gebracht, daß fogar viele Freygei-
fter öffentlich fagen dürfen: die Seele werde
in dem finnlichen Genuß der Dinge immer
mehr und mehr verfeinert, und fo kämen
wir Gott immer näher. — Wie aber,
wenn es einmal dem Schöpfer gefiele, diefer
fichtbaren Schöpfung eine ganz andere Ge-
ftalt zu geben, die nicht mehr fo auf den
Menfchen würkte, wie anjezo? Oder
wie, wenn wir in der zukünftigen Welt nur
Organe der Empfindung für die Gottheit
und die Geifterwelt hätten, wie würde es
dann um uns ausfehen? — Würde da
nicht ein ewiger Hunger ohne einig Labfal
unfer Dafeyn unerträglich machen? —
Einmal, ihr bleibt nicht ewig, was ihr
jezt feyd, und ihr fteht in einer fchrecklichen
Ungewisheit, ob eben eure Seelen, die ganz
an diefe Welt gewöhnt find, in ihrer künf-
tigen Sphäre eben eine folche Welt wieder-
finden werden!!!

Aber auch fchon hier macht uns die
Sinnlichkeit in ihrer höchften Fülle unglücklich. Der wollüftigfte Fürft ift nicht zufried-
ner als der ärmfte Bauer. Die menfchliche
Seele ift ein Vielfraß, je mehr fie bekommt,
je mehr fie haben will. Und endlich eine

sinnlicher Mensch kann schwerlich seinen
Nebenmenschen glückseelig machen; er zieht
selbsten alle Nahrung rund um sich herum
an sich, und die in seinem Würkungskreise
leben, sind gemeiniglich wegen seiner Nähe
unglücklich, also ist die Sinnlichkeit sowol
der eigenen Beförderung der Glückseeligkeit
als auch der Verbesserung anderer Menschen gerad entgegen. Noch überzeugendere
Gründe hievon werden unten an ihrem
rechten Ort vorkommen. Ich bin hier ein
wenig von meinem Wege abgekommen, doch
das schadet wohl nicht, es sind Begriffe,
die ich dem Leser vorläufig schon gerne fest
einprägen möchte.

Es bedarf wohl keines Beweises, daß
demnach die Sinnlichkeit der christlichen Religion höchst zuwider sey. Denn diese lehret
alle unsere sinnliche Vergnügungen zu verläugnen, sie nur zur Nothdurft zu gebrau-
chen, hingegen den unendlichen Seelenhun-
ger in Gott als das unendliche höchste Gut
hineinzuwenden. Sie giebt zur Ursache
an, daß, da wir sterblich seyen, mithin der
Gebrauch der Sinnen bald ein Ende habe,
oder doch verändert werde, so müsse die Seele ein ewig bleibendes Gut, welches nichts
geringers als Gott seyn kann, eigenthümlich

zu besitzen suchen, da aber dieses nicht geschehen könne, wenn man ihm nicht höchst
ähnlich, und seiner Natur theilhaftig gemacht
werde, so müsse alles, was diese Verbesserung der Seelen hindere, aus dem Wege ge-
räumet werden, und dieses seyen eben die
sinnlichen Begierden, die Lüste nach ver-
gänglichen Gütern, und so weiter. Eben
diese christliche Religion lehret noch überdas,
daß es mit zur Gottähnlichkeit gehöre, eben
so, wie Gott, der die Liebe ist, alle unsere
Liebe auch auf den Nebenmenschen ausströ-
men zu lassen. Sie erzählt uns: Gott
sey uns zu Liebe Mensch geworden, habe uns
zu Liebe den Tod gelitten, wir müsten daher
unserm Nebenmenschen in seinem Mangel
aufhelfen, so lange wir Ueberfluß hätten,
wir müsten uns mit der bloßen Nothdurft
begnügen lassen, damit auch andere ihre
Nothdurft haben möchten, und dergleichen
Regeln mehr. Nun ist aber leicht einzusehen, daß die Sinnlichkeit und die christliche
Religion ganz und gar gegen einander laufen. Denn eins ist immer des andern
Tod; es ist deswegen gar kein Wunder, daß,
da die durch die neue Philosophie geführte
Vernunft, in dem Lehrgebäude der christlichen Religion Lücken zu finden glaubte, sie
so fort frohlockte, zufuhr, und ihre Diener

zu Zweiflern machte; sie hätte dabey wiederum so gewonnen Spiel, und noch mehr, als im ehemaligen Heydenthum.

Es sage mir nur kein Zweifler, Deist oder Freygeist, er habe mit redlichem Gemüthe die Wahrheit der christlichen Religion untersucht: auch das leidet ja die Sinnlichkeit nicht. Ein sinnlicher Mensch ist eben so wenig zu dieser Untersuchung geschickt, als ein Trunkener, ernste Betrachtungen anzustellen. Einmal ist durch metaphysische Gründe und Schlüsse gar nicht zu ihr hin zu gelangen, und dann liegt eine so tief subtile Abneigung gegen diese Wahrheit im Innersten des Herzens verborgen, welche die Grundsätze verdecket, und statt deren Scheinsätze vorstellt, aus welchen nothwendig falsche Schlüsse entspringen müssen. Mit einem Wort, die Vernunft wird durch die Sinnlichkeit so umnebelt, daß ihr unter diesen Umständen gar wenig zu trauen ist. Ich sehe schon voraus, wie manche bey Lesung dieses lächeln und mich bedauern würden. Denn sie werfen uns immer vor, wir verlästerten die Vernunft, die doch das einzige Kleinod des Menschen, und sein einziger Vorzug vor dem Thiere wäre. Allein ich frage euch: Ist denn keine Erhöhung, keine Verbesserung der Vernunft möglich?

Und

Und überdem können wir viele sonderbare,
und doch wesentliche Empfindungen demon-
striren? Könnt ihr durch die Vernunft
erklären, wie es zugehe, daß ein Stein aus
der Höhe auf die Erde fällt? Ey so schämt
euch, doch zu fordern, daß wir Euch die
erhabenen Würkungen der Religion Christi
auf das menschliche Herz aus der Vernunft
beweisen sollen! — Arme Vernunft! die
so wenig von körperlichen Dingen begreift,
sollt ich dir die Besserung meines Herzens
allein überlassen? Doch muß sie als ein
nützliches Werkzeug, das in diesem Geschäft
unentbehrlich ist, betrachtet werden. Aber
daran hat auch noch nie ein vernünftiger
Mensch gezweifelt.

Die Philosophie hat nicht allein durch ihre Lehrmethode der Religion geschadet; sondern noch besonders durch einen Grundsatz,
der noch immer von unsern größten Män-
nern unverbrüchlich beybehalten wird; gleich
als wenn er nicht zu missen wäre. Alle übrigen haben zusammen nicht so viele schädliche
Folgen auf die Religion gehabt, als dieser
einzige: Daß nemlich die Welt eine Ma-
schine sey, die von Gott in der Schöpfung so vollständig mit ihren Kräften
geschäffen worden, wie sie jetzt da stehet;

B 3

het; und so gehe sie nun durch ihre
eigene Kräfte, ohne Mitwürkung des
Schöpfers ihren Gang fort. Dieser
Lehrsatz hat keine unläugbare Vordersätze,
woraus er gefolgert worden, und dennoch
gilt er für einen Grundsatz. Er ist aber
der böseste unter allen; und das vornemlich
darum: weilen er so wahrscheinlich, und so
unschuldig da stehet, als wenn er kein Wasser trüben könnte. Allein man wende ein,
was man wolle, seine Würkungen auf das
Herz sind höchst gefährlich. Nach diesem
Satz wird mir erstlich Gott fremd. Er
würkt nicht mehr auf die Welt. Alle meine Schicksale sind Folgen der Einrichtung
der Welt, sie sind also unvermeidlich; denn
sie sind im Bau derselben gegründet, das
Bethen ist demnach unnöthig, was in die
Einrichtung der Welt verwebt ist, kommt
doch, ich mag bethen oder nicht. Ja ich
selbst, mit allen meinen Leibes- und Seelenkräften handle nach meiner maschinenmäßigen
Einrichtung, mein Thun und Lassen folge
also natürlich so, wie es geschieht, ich mag
gut oder böß seyn, so ist es meine Schuld
nicht. Das alles dieses mathematisch gewis
aus obigem Satz folge, ist nicht zu läugnen,
keine Einwendungen können dagegen gemacht werden; die Sache redet von selbsten.

Es

Es ist mir hier zu weitläuftig, diesen Satz zu widerlegen, es gehöret auch nicht hieher. Ich muß nur bedauren, daß man ihn noch immer so fest hält, und seine gefährliche Folgen nicht einsieht. Viele berühmte Män- ner geben sich Mühe, ihn mit der christli- chen Religion und ihren Lehrsätzen zu ver- gleichen, seine widrige Würkungen abzuleh- nen, und ihn der Offenbarung anzupassen. Allein warum wirft man ihn nicht hinaus in die äusserste Finsterniß, wo Heulen und Zähnklappen ist? — Wir können ja ei- nen viel fruchtbarern an seine Stelle setzen, der nicht allein die strengste Demonstration aushält, sondern auch von unendlich bes- sern Folgen für Verstand und Herz ist. Nemlich: **Gott hat die ganze Welt mit ihren Kräften vollständig und vollkom- men gut fertig geschaffen; in dieser Welt aber und ihren Kräften würket der schaffende Geist Gottes in allen kleinen und grosen einzelnen Dingen allgegen- wärtig zu ihrer Erhaltung fort nach denen Gesetzen seiner Absichten und Re- gierung mitwürkender vernünftiger Geschöpfe.** Wenn nun die Sache so beschaffen ist, so finde ich überall den all- gegenwärtigen Gott, in allen Gegenständen würksam; und wenn ich ihn so nahe finde,

B 4   o! so

o! so hab ich Zutrauen zum Vater der
Menschen, er werde meine Noth lindern
und mir helfen können; ich bethe mit kind-
licher Zuversicht zu ihm, und wenns mir
gut ist, so hilft er mir. Ich will viel sagen,
wenn ich schwarze Wolken wie die Nacht,
aufsteigen sehe: Da führet der Herr ein
schwer Gewitter her; ich gehe hin, falle nieder, vor dem mächtigen Beherrscher der
Natur und der Menschen, ich fleh zu ihm,
daß er mich nicht verderben wolle, er erhö-
höret mich, und so bekomm ich Zutrauen,
mich in allen Schicksalen meines Lebens an
ihn zu wenden, ich schreibe ihm alles zu,
und so erkenne ich seine Macht über alles.
Die Wunderwerke sind mir dann nur gewisse Stimmen, die mir bekräftigen, was
sie bekräftigen sollen, und übrigens sind sie
mir zu begreifen nicht mehr schwer. Allein
die Vernunft blos durch die Philosophie
geleitet, siehet dieses nicht ein, sie glaubt
ihrer Sätze gewiß zu seyn, und weiß nicht,
daß es ihr geht, wie einem Kinde, welches
großes Geld für seine Puppen hingiebt, und
glaubt wohl daran zu thun.

Noch eine Quelle des Unglaubens hab
ich entdeckt. Ich weis nicht anders, als daß
man ihn aus der Analogie der Dinge herausge-
folgert

folgert hat: Es ist aber ein rechter Kunst=
griff des philosophischen sinnlichen Geistes,
wenn er sich weiß macht: der Mensch sey, sei=
ner Natur nach noch so unverderbt, als wie
er aus der Hand des Schöpfers gekommen;
er sey so, wie er seyn müsse, habe zwar seine
Schranken, folglich auch seine Unvollkom=
menheiten, sey aber so erschaffen. Mit ei=
nem Worte, der Fall des ersten Menschen
sey eine erdichtete Schimäre. Aus diesem
Principium fließet nun ganz natürlich.: daß
alle unsere Triebe, unsere Gemüthsbewegun=
gen, und die ganze Sinnlichkeit in sich selbst
würklich gut seyn, und relative je nach ihrer
Anwendung bös werden könnten. Daß es
also wahr seye, was der bekannte Vorläufer
des Antichrists, der berüchtigte Edelmann
sagte: Hütet euch nur vor Schavot
und Galgen (ich setze hinzu) und vor
Dingen, die der Honnetetät zuwider
sind, und dann thut, was ihr wollet.

Ich hab oft mit Freygeistern gesprochen,
die immer sich darauf berufen, was kann
ich dafür, wenn ich auch irre, ich bin nun
einmal so, kann ich mich ändern? Hat
mich Gott nicht geschaffen, wie ich bin?
Der elende Mensch wähnt also: die Sinn=

B 5   lichkeit

lichkeit sey der Zweck seines Daseyns. Er
sey keiner Verbesserung des Herzens und
seines Zustandes anders fähig, und so sucht
er sich zu beruhigen.

Alles dieses, was ich gesagt habe, will
ich nicht widerlegen; es hilft gar nicht; wer
sich der Kur unterwirft, die ich in folgen-
dem vorschlagen werde, und die auch das
einzige Rettungsmittel ist, der wird eine
solche Aufklärung empfinden, daß er vor
seinem vorigen Zustand zurückbeben, und
mit herrlicher Freude erfüllt seyn wird, sich
aus einer solchen entsetzlichen Verwirrung
gerettet, und in ein weites sicheres und
himmlisches Land des Friedens versetzet zu
werden.

Die heutige Art der Religionsverbesse-
rung ist auch zum Theil zu schwach, zum
Theil am überhandnehmenden Religionszweifel schuld. Verzeihet mir, ihr grosen Männer! daß ich euch dieses sagen muß! Lasset
mich ausreden, so werdet ihr gestehen müssen, daß ich recht habe. Viele verehrungs-
würdige Religionsverbesserer tragen die Moral des Evangeliums recht schön und reitzend
vor, aber die Glaubensgeheimnisse, die wahre Herzensänderung, mit einem Wort, die
neue Geburt bleibt zurück, man sagt viel nicht
daron, gerad, als wenn wir Menschen Kräf-

re genug an uns selber hätten, diese höchst reine und die Wurzel der Eigenheit antastende Gebote zu halten; da doch gewiß viel vorher gehen muß, ehe wir dazu geschickt werden können. Erkenntniß unsrer natürlichen Ohnmacht, Glaube, Liebe und Gnade sind alle Dinge, die uns zur Haltung der Gebote Christi erst geschickt machen müssen. Die Apostel und Christus selber hatten eine weit andere Methode, als diese ist. Da hies es: Verändert euere Herzen — Und dann glaubet an das Evangelium. Die Moral Christi tadelt kein Freygeist, und mit ihrem Vortrag wird kein einziger Zweifler bekehrt; wird aber der Weg zur Herzensänderung angedrungen, so kann der Mensch auch glauben, daß das Königreich des Himmels unter den Christen, und sonst nirgend, könne gefunden werden; überdem ist das schönste systematische Lehrgebäude, da es, wie gesagt, nur auf Beweisen der höchsten Wahrscheinlichkeit beruht, zu unserm Zweck ganz unbrauchbar.

Es giebt noch eine Art sogenannter Religionsverbesserer; diese untersuchen noch einmal von neuem die alten Manuscripte, Versionen und Lectionen der biblischen Schriften. Hiergegen habe ich nichts einzuwenden. Allein, welche ist die Absicht? — Man hat

die

die Ursache dabey: Ob man keine Gelegenheit finden könne, so ein Mittelding zwischen
dem Deismus und dem Christenthum zu erfin-
den. Da ist man also weder kalt noch warm:
da kommt in der Bibel der hoch - und wohl-
weisen Vernunft vieles natürlich vor; die
Wunderwerke sind zum Theil orientalische
Redart, zum Theil Allegorie, andere Dinge sind Methapher, orientalischer Schwulst,
man setzt die Vernunft zur Richterin der
Offenbarung, und bedenkt nicht, daß wenn
die Vernunft die Offenbarung beurtheilen
soll, es eben so viel sey, als: Wir haben keine Offenbarung. Alles obige nun abgezogen,
wird Christus ein groser Mann, der allegorisch
der Sohn Gottes heißt, u. s. w. Auf diese Art
entstehet der Socinianonaturalismus, ein viel-
schlimmeres Ungeheuer, als die Freygeisteren
selber. Das ist der rechte falsche Prophet,
der die Sprache des Thiers redet!!!

Die Ueberzeugung von der Wahrheit der
uralten und wahren christlichen Religion ist
ganz unmöglich, ehe und bevor ein Mensch
von seiner eigenen grundlosen Verdorbenheit
gewis überzeugt ist.

Die Zweifler haben verschiedene Einwürfe
gegen die Religion zu machen; sie sind scheinbar
und

und fähig, einen nicht scharf denkenden Geist
zu berücken; folglich gehören sie mit zu den
Quellen des Unglaubens. Der erste ist:
Wenn die Vernunft nicht die Führerin der
menschlichen Handlungen seyn soll, so sind
wir Menschen nicht besser, wie die Thiere.
Dieser Einwurf ist oben zum Theil schon wider-
legt worden. Ich füge nur noch hinzu: wie
sehr wär es zu wünschen, daß ihr einmal vorerst den Leitungen der Vernunft Raum gäbet,
so würde sich hernach das andere Wohl finden.
Die Vernunft lehrt den Menschen schon, daß
er die Naturgesetze vollkommen zu halten schuldig sey, wie unten wird erwiesen werden. Thut dann das, so werdet ihr leben! — Allein die Sinnlichkeit, die verdorbene Lüste sind euer leichtern. Vertheidigt
auch diese, wann ihr könnt.

Ferner wirft man uns vor: Wenn die christliche Religion der einzige Weg ist zur wahren
Bestimmung und Vollkommenheit zu gelangen, so hat Gott schlecht für das menschliche Geschlecht gesorgt, denn der mehreste Theil der
Menschen weis noch nichts davon. Wer ist
aber daran schuld, daß dis kleine Theil Sau-
erteig nicht den ganzen Teig durchsäuert hat?
Gott gab ihn in die Welt, soll er ihn den
Menschen aufdringen, denen Menschen,

denen

denen er Urtheil und Unterſcheidungskraft
genug gegeben hat, eine Sache zu beurtheilen? Weiter unten wird dieſer Theil der
Theodicee noch ins helleſte Licht geſetzt werden. Und überdem: Menſchen, die von
Chriſto niemalen etwas gehört und geſehen
haben, können noch eine etwaige Entſchuldigung aufweiſen. Wie wollen aber diejenigen beſtehen, denen ſeine vortreflidje Lehre,
ſein nachahmungswürdiges Leben, und mehrere eclatante Beweisgründe von ſeiner Wahrheit bekannt ſind, ſie aber dennoch verwerfen?

Man ſagt ferner: Die chriſtliche Religion
beruhe auf Enthuſiasmus und gewiſſen Empfindungen; man ſey ja nicht gewiß, daß es
richtig zugehe. Das ganze Lehrgebäude gründe
ſich auf Wunderwerke und Thatſachen, von
deren Wahrheit man keine hinlängliche Gewisheit habe. Ich antworte nichts mehr,
als: Folgt meinem in dieſem Buche vorgeſchla-
genen Rath, und dann zweifelt, wenn ihr
noch zweifeln könnt, ihr werdet euch nicht
genug verwundern können, daß ihr ſo dumm
geweſen, von vieler Gefahr des Enthuſiasmus
zu reden.

Noch ein wichtiger Vorwurf iſt übrig, den
uns die Freygeiſter machen. Sie ſagen nemlich:

sich: Wenn eure Religion so gut wäre, als
ihr vorgebt, so müßten auch die Christen durchgehends bessere Menschen seyn, als sie würklich sind. — Dieses ist freylich nicht genug
zu beweinen! Möchten die Christen nur
wahre Christen seyn, so würden wir über
Religionszweifel wenig zu klagen haben. Aber
daran ist wohl die Religion nicht Schuld. Alle
diejenigen, die sich Christen nennen, aber
in der That keine sind, sind blos natürliche
sinnliche Menschen; wir müssen nur wahre
Anhänger Christi vor uns nehmen, die von
Vorurtheilen und Aberglauben frey, bloß
allein ihrem Erlöser in Lehr und Leben nach-
folgen; diese muß man untersuchen, und
dann wird man sehen, wie so große Gewalt
und Kraft die Religion auf die Menschenverbesserung habe, wenn man nur folgen und
ihr gehorchen will. Bloß allein die Sinnlichkeit ist, wie immer, Schuld, daß alle Anstalten Gottes zu unserer Besserung so wenig fruchten können.

Doch mein Vorsatz war, nicht durch
Vernunftbeweise die Freygeister zu überzeugen: das ist oft genug vergebens versucht
worden; es ist mir nur darum zu thun, die
vornehmsten Quellen des Unglaubens ange-
geben

geben zu haben. Dieselben zu kennen ist
doch zur Vorbereitung der Kur nicht undien-
lich. Denn zu wissen, durch welchen Weg
man in ein Labyrinth gekommen, ist nöthig,
um wieder heraus zu kommen.

Ich gehe also nun zum Werk selbsten über,
welches ich in dreyen Abschnitten abzuhandeln
willens bin. Nemlich:

1) Die Vorbereitung zur Kur,

2) Gründliche Kur des Religionszweifels,

3) Würkungen der Glaubenskur.

Vor-

Vorbereitung.

Nosce te ipsum

C

Erster Abschnitt.

Vorbereitung.

Die gewöhnliche Triebfedern der menschlichen Handlungen sind die sinnlichen Reitze und die daraus entstehende Leidenschaften. Ein jeder folgt von Jugend auf dem, was ihm Vergnügen macht, sucht alle Mittel hervor, sich dieselben zu verschaffen, und wo seine Eigenliebe in Bewegung gesetzt wird, oder jene Reitze den höchsten Grad erreichen, da entstehen Leidenschaften, die mit unwiderstehliger Gewalt unsere Handlungen bestimmen. Fast alle übrige Ursachen unsers Thuns und Lassens sind uns lästig, wir suchen sie zu vermeiden, wo wir nur können. Nun ist die Frage: Ob ein Mensch, der aus diesen Quellen seine Handlungen bestimmt, oder bestimmen läst, dem Endzweck Gottes bey seiner Schöpfung, dem Ziel seines Daseyns, und seiner vollen Bestimmung entspreche? — Die Freygeister sagen mehrentheils ja, wenigstens sie bezeugen es mit ihrem Betragen und Lebenswandel. Die Christen aber sagen nein. An der Unter-

C 2   suchung

suchung dieser Frage ist unendlich viel gelegen; wir wollen die Sache berichtigen.

Ich will einmal gewisse Grundsätze vortragen; ein jeder prüfe sie aufs genaueste, ob sie wahr seyen, oder nicht.

Die Glückseligkeit des menschlichen Geschlechts würde ungleich größer seyn, wenn alle Menschen dasjenige vollkommen besäßen, was zu ihrer Lebensnothdurft und nothwendigen Ergözungen gehöret. Da nun ein jeder Mensch schuldig ist, alles was er kann zur allgemeinen Glückseligkeit beyzutragen; so ist er auch schuldig, dasjenige, was er an Lebensnothdurft und nothwendigen Ergözlichkeiten übrig hat, dem Dürftigen mitzutheilen. Dieser Satz hat hier und da seine Einschränkungen je nachdem die wahren Bedürfnisse groß oder klein sind; allein nach dem Gesetz der Natur ist er völlig richtig und darf nicht geändert werden. Nun läßt uns dagegen die Stimme der Sinnlichkeit hören; diese hat so viel Bedürfnisse und Gewohnheiten, daß ihr selten dasjenige zulanget, was ihr Beruf und Vorsehung verschaffen; sie sucht so viel Güter zusam-

men zu sparen, um ihre Reitze zu befriedi=
gen, daß andere arm darüber werden, und
wenn auch niemand arm würde, was ich oh=
ne Noth zusammenhäufe, wird dem Dürfti=
gen entzogen. Folglich ist in diesem Fall
schon die Sinnlichkeit der Liebe des Nächsten,
mithin der grösten Pflicht des Menschen
entgegen. Ferner;

Ich bin schuldig, meinen Leib so
zu nähren und zu pflegen, daß die
vollkommenste Gesundheit erhalten
werde. Daher; mein Essen und Trin=
ken muß mäßig, nahrhaft, einfältig
und den Regeln der Gesundheit ge=
mäß zugerichtet und genossen werden:
Die Sinnlichkeit hingegen wählet vielerley
Speisen und Getränke, um des Geschmacks
willen, und um die sinnlichen Lüste zu ver=
gnügen; sie wühlet unter allen Arten von
Geschöpfen, sucht die niedlichsten hervor,
und wendet alle Kunst an, um den Geschmack
nur zu befriedigen. Könnten nicht mit
den Unkosten, die mancher Wollüstling auf
eine Mahlzeit verschwendet, zwanzig hun=
gernde arme Familien gesättigt werden? —
Folglich ist hier wiederum die Sinnlichkeit
ein Feind der menschlichen Glückseligkeit,

und

und also der Bestimmung des Menschen
ganz zuwider,

Meine Kleidung muß so beschaffen seyn, daß sie den Leib ordentlich
erwärme und bedecke. Ihre Gestalt
aber muß dadurch bestimmt werden,
daß sie niemand Gelegenheit entweder
zum Spott oder zum Aergerniß gebe.
Hingegen die Sinnlichkeit fordert viele Kleider von allerhand Gattung; Gold, Silber
und Seide muß nicht geschont werden. Unterdessen gehen Tausende unserer Nebenmenschen, leiden Mangel in leinenen Kitteln
und zerlumpten Kleidern, weinen über uns,
wenn sie unsern Staat sehen, und verkla-
gen uns bey dem Belohner des Guten und
Vergelter des Bösen. — Es ist also
sonnenklar, daß auch in diesem Fall die
Sinnlichkeit dem Endzweck unseres Daseyns
gerad entgegen sey.

Die Menschen sind schuldig, ihr
Geschlecht fortzupflanzen. Beyderley
Geschlechter müssen sich also nicht eh-
lich beywohnen, wo dieser Endzweck
nicht beäuget wird, oder sonsten die
menschliche Schwachheit eine Ausnah-
me macht; wo aber beyderseits Eltern
außer

außer Stand sind, gesammter Hand
ihre Leibesfrucht zu versorgen, als
im mißlichen Stande, wo noch sogar
andere unglückliche Schicksale damit
verbunden sind, da ist diese Beywohnung ganz und gar nicht zuläßig;
geschweige daß diese Art der Unmäßig-
keit dem Leibe und der Gesundheit höchst
schädlich ist. Hier aber ist die Sinnlichkeit
besonders heutiges Tages ganz unbändig. Alle
Reiße werden, wo man nur Gelegenheit
dazu finden kann, befriedigt. Auch selbsten der feinste Platonismus erfüllt das Herz
mit Empfindungen, die es an seiner Verbesserung, an seiner Aehnlichkeit, Liebe und
Vereinigung mit Gott hindern. Es ist
hier der Ort nicht, ich würde es sonsten
beweisen können. Es bedarf keines Beweises, daß hier auch die Sinnlichkeit der Menschenverbesserung sehr im Wege stehet.

Es ist meiner Bestimmung sehr zuwider, wenn ich hoch von mir halte;
ich bin keiner Verbesserung fähig,
weilen ich glaube gut zu seyn. Der
Stolz befördert auch des Nebenmenschen Glückseligkeit nicht; denn er
wünscht mehr zu seyn, als derselbige.
Ich muß mich daher vor den Gering-

C 4   sten

sten halten, um meinen Nächsten nicht
zu ärgern; ich muß ihn höher stellen,
als mich, um seine Liebe zu erhalten,
und Frieden auszubreiten. Ich muß
keine Ehrenstelle suchen oder annehmen,
so lange noch andere Menschen sind,
die geschickter sind als ich. Ich muß
nicht zornig, nicht rachsichtig, nicht
neidisch, sondern sanftmüthig und de-
müthig seyn, friedfertig und menschen-
liebend.

Die Sinnlichkeit aber sucht sich immer
groß zu machen, hoch über andere erhöhet
zu seyn; andere Menschen müssen sich vor
ihr demüthigen, und wer ihr im Wege
steht, der empfindet ihren Neid, Zorn, Ra-
che, und Feindschaft; sie sucht die höchsten
Ehrenstellen, man sey so ungeschickt dazu,
als man wolle. Wer sieht auch hier nicht,
daß die Sinnlichkeit dem Gesetz der Natur
widerspreche? Ja, wer siehet denn nun
überhaupt nicht, daß eben diese menschliche
Verdorbenheit der Menschenverbesserung
gerad im Wege stehe! — Und dieses ist
es, was ich beweisen wollte.

Ich

Ich könnte noch ungemein viele Natur-
geseze aufbringen, wenn ich eine Sittenlehre vorzutragen willens wäre. Allein obige
sind zu meinem Zweck hinlänglich, sie sind
die vornehmsten.

Nun fordre ich alle Religionszweifler feyerlich auf — Kommt her und
leset dieses. Ich beschwöre Euch! aber
geht aufrichtig zu Werke; gestehet die
Wahrheit, so bald Ihr sie erkennet.
Und wenn Ihr erkennet, daß ich recht
habe, so seyd Ihr verbunden, meinem
Rathe zu folgen; folgt Ihr aber nicht,
so werdet Ihr keine Entschuldigung am
Tage des Gerichts haben; selbst euer
eigen Herz wird Euch verdammen;
Euer Gewissen wird Euch sagen: Es
ist die Wahrheit, allein wir wollen eben
nicht folgen!!!

Wenn alle Menschen obige Grundgeseze
der Natur vollkommen mit allen Gesezen,
die noch daraus hergeleitet und damit verbunden werden können, gehalten hätten, und
beständig fort darnach lebten; würde da nicht
das menschliche Geschlecht die höchste Stufe
der Glückseeligkeit in diesem Leben noch erreicht haben? Menschen! die ihr Vernunft

C 5   habt,

habt, und die Bedürfniſſe der Menſchen
kennt, ſagt euer Herz und Verſtand nicht
völlig ja dazu? — Wenn ein Menſch ſo
viel beſäße, als der andere, würden nicht
alle ihre reichliche Nothdurft haben? Wenn
jeder ſorgte, ſeinen Leib zu nähren und nur
nach Nothdurft zu pflegen, würden wir
nicht durchgehends geſund ſeyn? und ſo
ferner.

Es iſt alſo unläugbar, daß ein jeder
Menſch verbunden ſey, das Naturgeſetz zu
halten, und daß es die Beſtimmung und
wahre Menſchenverbeſſerung unumgänglich
erfordere, alle Kräfte anzuſpannen, um die
vollkommene Gottähnlichkeit zu erlangen,
welches auf keine Weiſe anders geſchehen
kann, als durch eine vollkommene Haltung
des ganzen Naturgeſetzes.

Alle nun, die mir dieſes zugeben, haben die erſte Eigenſchaft, die ich zur Vorbereitung erfordere. Mit dieſen will ich nun
weiter gehen. Ihr werdet mir entwenden:
Freylich wär es gut, es wäre recht, wenn
wir nur Kräfte hätten, das Geſetz zu
halten; aber in unſern Umſtänden ſind wir
unvermögend dazu. Auf dieſen Einwurf
muß ich umſtändlich antworten:

Um

Untersucht einmal, ob alle Naturgesetze
außer den Schranken der menschlichen Natur seyen, ob sie eine innere Unmöglichkeit
in sich schliessen, um gehalten werden zu
können, so werdet ihr alsofort finden, daß
es wohl möglich sey, alles, was ich habe,
den Armen zu geben, mäßig und keusch zu
leben, meinem Nächsten den Vorzug vor
mir zu geben u. s. w. Untersucht ferner,
was es denn doch seye, daß uns ihre Haltung, ohngeachtet der gewissen Erkenntniß,
daß sie unumgänglich nöthig sey, so schweh
und fast unmöglich mache; so werdet ihr finden, daß es die Sinnlichkeit sey. Die
Sinnlichkeit ist aber nichts anders, als die
tief eingewurzelte Gewohnheit, von Jugend
auf die sinnliche Begierden zu vergnügen.
Da aber nun die Naturgesetze in sich selbsten
möglich zu halten sind, da sie unsere Vernunft vor höchst nützlich erkennt, da sie
mit einem Wort innerhalb den Schranken
der menschlichen Natur sind, da nur tief
eingewurzelte Gewohnheiten die sinnliche Begierden zu sättigen Schuld daran sind, daß
wir das Gesetz nicht halten können; so laßt
uns nun Gott die Ehre geben, und unser
Herz fragen: Wer ist Schuld an der Nicht-
haltung des Gesetzes, oder an der Unvoll-
kommenheit der Menschen? gewis nicht seine
Einge-

Eingeſchränktheit, gewis nicht ſein Schöpf-
fer, ſondern blos allein der Menſch
Wir ſelbſten, die wir eine geſunde Vernunft haben, ſollten uns ſelber und unſere
Kinder ſo regieren, daß die Sinnen niemalen mehr, als die Nothdurft bekämen. Allein ſchon der erſte Menſch muß die Natur-
geſetze übertreten und der Sinnlichkeit die
Herrſchaft über die Vernunft abgetreten haben, die alterälteſte Geſchichte der Menſch-
heit lehret es ſchon. Daher iſt die Sinnlichkeit ſo tief in das Fleiſch und Blut des
Menſchen und ſeine Seelenkräfte verwebet,
daß ſie, wie eine Erbkrankheit von Kind zu
Kindes Kind fortgepflanzt und angeerbt
wird.

Alle diejenigen nun, die dieſes eingeſte-
hen, wie alle Menſchen, die die Wahrheit
lieben, nothwendig thun müſſen, ſind nun
entweder ſchuldig, die groſe Anſtalten Gottes zum Beſten des menſchlichen Geſchlechts,
vermöge welcher er nach ſeiner unendlichen
Liebe und Weisheit ein göttliches herrlichrs
Mittel gefunden, und in die Welt unter
die Menſchen hingeſtellt hat, wodurch das
allerreinſte und lauterſte Naturgeſetz den Menſchen bekannt gemacht, zugleich aber auch
Mittel an die Hand gegeben werden, wie
er zu Kräften gelangen, und wie dasjenige,

knige, was er verschuldet, an die Gerech=
tigkeit Gottes vergütet werden könne, anzu=
erkennen; die Anstalten mit beyden Hän=
den zu ergreifen: Oder sie sind schuldig und
verpflichtet, das Naturgesetz von Jugend
auf bis in den Tod vollkommen zu halten:
Denn da wir einmal ausgemacht haben, daß
Gott an unserer Verdorbenheit ganz unschul=
dig, wir Menschen aber ganz allein schuld
daran sind, durch diese Verdorbenheit aber
der gütige, die Glückseeligkeit des menschli=
chen Geschlechts und die göttliche Ehre beför=
dernde gröse Endzweck Gottes, bey der
Schöpfung ganz und gar vereitelt wird; so
ist es höchst billig, wenn Gott die strengste
Beobachtung seiner Gebote von den Men=
schen fordert und sie mit der erschrecklichsten
Strafe belegt, wenn sie dieselben nicht hal=
ten, besonders da er noch Mittel an die Hand
giebt, wie man sie leicht halten, und seiner
Gerechtigkeit Genüge thun könne. Folglich
ist es ganz himmelfest und ausgemacht, daß
ein Mensch außer Christo das Naturgesetz
vollkommen halten müsse, und daß diese Hal=
tung von denen nach der allergrösten Stren=
ge beobachtet werden müsse, die das von
Gott vorgeschlagene Mittel, die Erlösung
durch Christum bezweifeln und verwerfen.
Merket Euch dieses, Zweifler und Frey=
geister,

geiſter, und alle andere Namchriſten,
die an keine Verbeſſerung denken wollen! Gebt euch deswegen wacker an
die Arbeit, und ſehet, wie weit ihr kommt,
ein jeder aber ſey ſeiner Meynung gewiß. Ich wenigſtens will mich zu dem halten, der das Geſetz für mich erfüllt hat, wo
ich es nicht erfüllt habe, oder halten kann.
Von ihm will ich mir Kräfte erbitten, wo
ſie mir mangeln, und täglich dadurch ſuchen
heiliger, meinem Erlöſer ähnlicher zu werden. Dadurch leb ich im Frieden, und
genieſſe eine Gemüthsruhe, die alle widrige
Schickſale verſüßt, mich ſchreckt dann auch
der Tod nicht ſehr, er macht mich der Reichs-
herrlichkeiten deſſen theilhaftig, der für mich
ſtarb, und noch am Kreutze Liebe an ſeinen
ärgſten Feinden ausübte.

Bedenkt doch einmal, ihr Religionszweifler, euren Zuſtand! Unterſuche euch
doch, ob er euch befriedige, ob ihr nichts
mehr wünſchet, als was ihr würklich
an Leibes- und Seelengütern beſitzet! —
Denkt doch der Sache einmal nach! Habt
ihr nicht noch Verlangen nach dieſem und
jenem? Fragt euch ſelber: ob ihr, wenn
ihr dieſes alles erlangt habt, was ihr wünſchet, euer Haupt ruhig niederlegen und
sterben

sterben könnet? — Eure ganze Seele wird
sich empören und Nein dazu sagen; es wird
ihr ein trauriger Gedanke seyn, und jeder
Gegenstand wird euch zurufen: In dem
Grabe, da du hinfährst, ist weder Kunst
noch Weisheit! Ein solcher Mensch wird
die ganze Natur anblicken, wie ein sterben-
der Bräutigam seine Braut. O! (wird
seine Seele seufzen) o, möcht ich doch ewig
hier leben, um deiner zu geniessen! Diese
traurige Gedanken müssen bey einem jeden
sinnlichen Religionszweifler unter den Umständen aufsteigen. Aber nun meine Freunde! wie wenn die Seele fortdauert! —
Nach dem Tode fortdauert! — Die Er-
wartung eines ungewissen fürchterlichen
Kannseyns ist wohl ein betrübter Zustand
vor einen Menschen, der keinen Augenblick
vor dem Tode sicher ist! —

Dieses Nachdenken fordre ich mit Recht,
als das zweyte Stück der Vorbereitung; es
ist fähig, einem Menschen die Sache wichtig zu machen, der einmal überzeugt ist, daß
er das ganze Naturgesetz zu halten schuldig
sey, und wenn ers nicht gethan habe, nach
diesem Leben die strengste Ahndung des gerechten Gottes zu befürchten habe.

Bey

Bey allen diesen überführenden Beweisen, daß es unumgänglich nöthig sey, das
Naturgesetz zu halten; daß der Mensch blos
allein Schuld daran sey, wenns nicht geschie-
het, und das Gott daß höchste Recht habe,
den Menschen nach seinem Tod aufs strengste dafür zu bestrafen, üben zwar viele dieses Nachdenken über ihren eigenen Zustand
aus, ihr eigenes Gewissen macht zuweilen
Vorstellungen dawider; allein die Sinnlichkeit hat zu sehr das Uebergewicht, diese
Vorstellungen werden gleichsam durch eine
sinnliche Beräuschung umnebelt, daß sie
niemals recht lebhaft und also würksam werden können. Die Vernunft nimmt eine
wahrscheinliche Ausflucht, sie beredet sich:
Ja ich weiß, daß mein Leben ein Ziel hat,
daß ich davon muß; ich weiß, ich muß über
kurz oder lang die schöne Natur verlassen.
Es ist nun einmal das Schicksal des Menschen so, aber Gott ist die Liebe; wenn wir
nach unserm Tode noch fortdauren sollen,
so wird er uns nicht darum strafen, daß wir
unsern anerschaffenen Trieben nachgefolget
haben. Anerschaffene Triebe sinds gewiß
nicht; angewöhnte, von Eltern und Vorel-
tern angeerbte sinnliche Gewohnheiten sind
es, und die sind strafbar.

So

So schläfert sich der arme Mensch immer mehr ein, seine Verbesserung bleibt zurück; und er häuft sich immerfort den Zorn Gottes, auf den Tag des Zorns und der Offenbarung der gerechten Gerichte Gottes. Höret folgende Geschichte! —

Ein mächtiger König hatte eine sehr schöne aber unbewohnte Insul. Um dieselbe urbar zu machen, und Nutzen daraus zu ziehen, sandte er viele Colonien hin. Diese Leute fanden alles in den besten Umständen, sie durften nur säen und erndten, so fanden sie ihre Nothdurft überflüßig. Der König verlangte auch nichts mehr, als dieses von Ihnen, und forderte nur eine jährliche kleine Abgabe zum Zeugen des Gehorsams. Was geschah? Diese Colonisten wurden in ihrem Ueberfluß übermüthig, sie bedienten sich zu ihrer Nahrung nur einer gewissen Baumfrucht, die reichlich im Lande von selbsten wuchs. Die Tradition sagt, es sey eine Art von Cokosnüssen gewesen, sie machten sich Kleider, Essen und Trinken von diesen Cokosbäumen, und versäumten darüber das Land zu bauen. Der König sahe, daß seine Absicht, das Land anbauen zu lassen und durchgehends urbar zu machen

D   mis-

mislingen wollte. Ob er nun wohl grosse
Ursache gehabt hätte, die Colonien aufs här-
teste abzustrafen und aus dem Lande zu jagen, so ließ er doch Gnade für Recht erge-
hen, schickte einen Abgesandten hin, mit der
Vollmacht, Männer, Weiber und Kinder
in königliche Leibeigenschaft zu nehmen. Und
da das Land ganz verwildert, und so zu sagen zu einem wilden Walde voller Cokosbäume, Eichen, Buchen, Dornen, Disteln
und Gebüschen geworden war, so hatte der
Gesandte den Auftrag an die beste Colonie
daß es der König einsweilen erlauben wol-
te, die Cokosfrucht zu bauen, und den Einwohnern dieselbe zur Nahrung zuzulassen;
indessen aber sollte ein jeder jährlich eine gewisse Anzahl Holz und Waaren von Holz
verfertigen und in das königliche Magazin
liefern, und damit dieses nach aller Strenge befolgt werden möchte, so verfaßte der königliche Gesandte ein schriftliches Gesetz,
worinnen alle Regeln enthalten waren, wornach sich die nunmehro leibeigen gewordene
Colonie zu richten hätte, es wurden auch
Zuchtmeister verordnet, die auf die Gesetze
und deren Beobachtung die Aufsicht haben,
und die Uebertreter bestrafen sollten. Diese neue Einrichtung wurde in einer Pflanz-
stadt der Insul ins Werk gerichtet. Der
König

König urtheilte: wenn die übrigen Einwohner des Landes diese höchst billige Einrichtung zu ihrem eigenen Besten sehen würden,
so würden sie sich vor und nach alle eben
demselben Gesetz unterwerfen, denn er war
nicht willens, sie mit Gewalt zu zwingen,
sondern sie ihrem eigenen Gutdünken zu
überlassen, um sie hernach bey allgemeiner
Untersuchung nach der Gerechtigkeit behandeln zu können, damit nicht Gutgesinnte und
Uebelgesinnte einerley Schicksale unterworfen seyn möchten. Der Abgesandte hinter-
ließ ihnen das Gesetz, und gab ihnen das
schriftliche Versprechen, diese Verfügung
sey nur auf eine gewisse Zeitlang getroffen
worden, hernach aber werde ihnen der König einen noch viel vortreflichern Gesandten
schicken, als er sey. Dieser würde ihnen
wieder zur ersten Glückseeligkeit verhelfen,
ja derselbe würde sie noch viel glücklicher machen, als sie jemals gewesen seyen, und als
sie nur hoffen könnten. Darauf reiste der
Gesandte wieder zurück zum König.

Diese leibeigene königliche Colonie nun
lebte nach ihren neuen Gesetzen eine Zeitlang
unter ihren Zuchtmeistern fort; allein die
andern Ortschaften kehrten sich nicht an diese Einrichtung, sie fielen vor und nach vom

Kö-

König ab, machten sich selber kleine Für=
sten, denen sie gehorchten, und so verwilder=
te die ganze Insul endlich dergestalt, daß
sie voller wilden Thiere wurde, so daß end=
lich die Menschen ihres Lebens nicht mehr
sicher waren, und da sie in so viele kleine
Staaten vertheilet war, so lagen sich die
Einwohner immer in den Häaren, so daß
eitel Mord, Raub und Blutvergiessen auf
derselben herrschte. Die Menschen selbsten
wurden ganz wild, roh und unbändig. Die
königliche Colonie blieb wohl am längsten in
Ordnung, allein die Zuchtmeister thaten nach
ihrem Eigennutz so viel ab und zu am Gesetz
als es ihnen gut dauchte, daher wurden die
königliche Einkünfte vor und nach immer klei=
ner, und endlich wurde das königliche Ma=
gazin anstatt nützlicher Waaren mit Cocos=
nusschaalen, Dornbüschen, Reisern, Blu=
men und dergleichen nichts gültigen Dingen
angefüllt, und die Colonisten selber blieben
nicht viel gesitteter und dem König getreuer
als auch die übrigen Insulaner.

Bey diesen Umständen schickte der Kö=
nig endlich seinen eigenen Prinzen nach der
Insul ab, um alles in die mögliche Ord=
nung zu bringen.

Dieser

Dieſer vortrefliche und weiſe Fürſt entſchloß ſich zu dieſer Reiſe. Er überlegte bey
ſich ſelber, wie er es am nützlichſten anfien-
ge, damit nur diejenigen Einwohner der In-
ſel, die es verdienten, glücklich, die aber
an dem Verderben Schuld hätten, geſtraft
werden könnten. Deswegen dacht er: wenn
er ſich in ſeinem wahren Karakter als königlicher Prinz zeigen würde, ſo würde ihm
zwar alles zufallen, allein davon hätten die
Einwohner kein Verdienſt, es würde ſich
auf die Weiſe nicht äuſſern, wer gut geſinnt
und wer übel geſinnt wäre; es würde alſo
ungerecht ſeyn, die ſchnöde Verſäumung der
königlichen erſten Hauptabſichten gar nicht
zu ahnden; es würde auch wiederum un-
barmherzig ſeyn, ſo viele Menſchen, unter
welchen noch ſehr viele brauchbare ſeyen,
mit einmal zu verderben, und die Inſul wü-
ſte zu machen.

Er entſchloß ſich deswegen höchſt weislich: Er wolle ganz insgeheim nach der In-
ſel reiſen, und ſich in landesüblicher Kleidung zeigen, denen Einwohnern alsdann
eine bequeme Methode vorſchlagen, wie das
Land nach dem erſten Plan des Königs urbar gemacht, und angebauet werden könnte.
Diejenigen alsdann, die ihm folgen würden,

D 3   ſeyen

senen belohnenswürdig, die ihm aber nicht folgen würden, strafbar.

Um diese Zeit fienge man auch schon auf der Insul an, den versprochenen grosen Gesanden zu erwarten. Man machte deswegen auf der königlichen Colonie alle Anstalten, ihn würdig zu empfangen, man ließ den Pallast ausbessern, die Zimmer mit köstlichen Tapeten behängen, die Marställe vor alle seine Rosse, Wagen und Reuter hübsch ausräumen, und überhaupt alles auf seinen Empfang zurüsten. Man dachte anders nicht, als er würde kommen, ihnen die ganze Insul einräumen, und sie alle miteinander zu grosen Herren machen. So hatte man sich die Sache seit langer Zeit vorgestellt, und unter einander weis gemacht.

Unterdessen fand sich ein junger Unbekannter Bauersmann auf der Colonie ein. Dieser Mensch gieng täglich mit seiner Geräthschaft hinaus ins Feld, und fieng an, Gebüsche und alles auszurotten, und auf den Platz kostbare Früchte zu säen und zu pflanzen. Das Ding gieng ihm sehr gut von statten, und man merkte gleich, daß er etwas besonders im Schild führen müste. Er

unter-

unterrichtete auch alle Menschen, wo er
nur Gelegenheit dazu fand, wie sie das Land anbauen und dem Zweck des Königs gemäß urbar
machen müsten; er nahm auch zu dem Ende
Knechte an, die ihm theils helfen arbeiten,
teils auch das Volk unterrichten mußten.
Und da die wilden Thiere in diesem wüsten
Lande sehr überhand genommen hatten, so
gab er sich ganz ungewöhnlicher Weise ans
Werk, um diese zu vertilgen. Er kämpfte
auch mit den grimmigsten Löwen nicht lange,
sondern es war nur ein Schlag, so lag eine
solche Bestie zu seinen Füsen todt ausge-
streckt. Die Leute redeten allerley wunder-
bare Dinge von diesem Menschen. Dann
nennte er den König seinen Vater, dann
ließ er sich so halb verlauten, er sey der ver-
sprochene grose Gesandte, doch konnte niemand recht klug aus ihm werden. Das konte
aber ein jeder wohl sehen, daß sein Vorhaben
dahin gieng, die ganze Insul, besonders aber
die königliche Kolonie nach dem ersten königlichen Plan anzubauen und alle Einwohner
dazu anzuhalten, um dadurch das Land sowol dem König nutzbar, als auch diejenigen
Einwohner, die ihm zu seiner Absicht würden behülflich seyn, vollkommen glückseelig
zu machen. Viele unter den Kolonisten sahen dieses ein, sie fielen ihm zu, und denen

ent-

entdeckte er sich ingeheim, daß er wirklich
der köni liche Prinz selber sey. Jedermann
war indessen begierig, zu sehen, was die
Scene vor ein Ende nehmen würde. Die
königliche Zuchtmeister hörten indessen auch
das Gemurmel von diesem seltsamen Man-
ne, sie kamen, ihn zu beobachten; schüttel-
ten aber die Köpfe und bedauerten die Ein-
falt des gemeinen Volks, welches sogar
den versprochenen großen Gesandten aus diesem armen schlechten Männgen machen wollte. Unterdessen sahen sie doch seine Kämpfe mit den wilden Thieren, worinnen er
mehr, als fürstlichen Muth und Tapferkeit
bezeigte. Sie sahen ferner, daß er und seine Anhänger gute Progressen im Anbau des
Landes machten. Sie musten gestehen, er
sey ein sonderbarer Mann; allein, daß er
doch sollte der königliche Gesandte seyn, das
konnten sie unmöglich zugeben. Endlich
fieng er sogar an, die Zuchtmeister zu reformiren, und ihnen ihre wahre Pflichten vor-
zuhalten. Allein diese Wahrheiten konnten
sie gar nicht vertragen; sie machten sogar
alle mögliche Anstalten, ihn bey erster Gelegenheit aus dem Lande zu jagen. Der
Prinz sahe wohl ein, daß es endlich dazu
kommen würde. Er berief daher alle seine
Anhänger zusammen, und trug ihnen auf,

das

das angefangene Werk nach seinem Abschied
treulich fortzusetzen, und ihn von nun an
für ihren König und Herrn auf und anzu=
nehmen: Der König, sein Vater habe
ihm die Oberherrschaft über dieses Land ab=
getreten; er werde bald nach seiner Abreise
Kriegsvölker schicken, die die ganze Colonie
zerstören sollten. Er ermahnete sie, sie sol=
ten auf der ganzen Insul die Leute unter=
richten, wie das Land nach seiner Anwei=
sung müsse cultivirt und verbessert werden.
Er wolle ihnen ein Geheimniß entdecken,
wie sie mit leichter Mühe alle Gebüsche und
Gehölze ausrotten könnten. Damit aber
solches denenjenigen, die nicht Mühe und
Fleis anwenden wollen, nicht in die Hände
gerathen möge, so wolle er es nur in sei=
ner Residenz zubereiten lassen, es sey ein
weises Pulver, daß man nur um die Wur=
zeln der Gewächse streuen müsse, so wüd
dorrten von dem an diese unfruchtbare Bäu=
me. Ein jeder, der gutes Willens wäre,
brauchte nur an ihn zu schreiben, so solle ihm
sofort, so viel er nöthig habe, zugesandt wer=
den. Auf solche Weise sey er Willens mit
ihnen einen Briefwechsel zu unterhalten,
und sie immer vor seine lieben Getreuen zu
erkennen. Wann dann endlich einmal alle
Mühe an den Einwohnern sey angewendet

worden, und seinen genommenen Maasre-
geln nach die Zeit der Gedult vollendet seye,
so wolle er in königlicher Herrlichkeit wieder-
kommen, und über alle und jede Einwohner
des Landes Gericht halten.   Diejenigen,
welche alsdann seinem Rath und Befehl ge-
folgt hätten, wolle er mit sich in sein Reich
nehmen, und sie mit aller Glückseligkeit über-
häufen; die ihm aber nicht folgen würden,
die werde er nach so vieler verachteter Lang-
muth entsetzlich heimsuchen. Diese und dergleichen Anweisungen gab der Prinz den Sei-
nigen insgeheim, um sie von seinem Plan,
den er sich vorgenommen hatte, zu unterrichten.

§.   Dieses war aber noch nicht alles, was
dieser vortresliche Prinz zum Besten der Insul vornahm. Noch ein besonderer Umstand
lag im Wege, der ihn hinderte, die Einwohner des Landes glücklich zu machen.
Das vorige königliche Gesetz hielte ausdrück-
lich in sich, daß alle diejenigen, welche dem
Plan des Königs, das Land anzubauen und
fruchtbar zu machen, nicht nachleben würden, die sollten zu der Zeit, wann der König
einmal über dieselben Gericht halten würde,
ohne alle Gnade des Landes verwiesen, und
ins äußerste Elend verjagt werden.   Daher
contra-

contrahirte der Prinz mit seinem Vater,
daß derselbe ihm das Land mit seinen Ein=
wohnern eigenthümlich abtreten mögte, er
wolle alsdann in eigener Person das Gesetz
erfüllen, und für die Einwohner haften.
Dieses wurde bewilliget, und dieser Vorsatz
war eine Haupturfache mit, warum der
Prinz so incognito sich im Lande aufhielte.

Der Haß der Zuchtmeister nahm indes=
sen immer mehr und mehr zu, sie konnten
die täglichen Vorwürfe, die ihnen dieser
Bauer, und zwar mit völligem Recht mach=
te, nicht länger ertragen; sie ersahen end=
lich ihre Zeit, und jagten ihn durch ihre
Scharfrichter auf eine höchst schändliche
Weise mit Hunden aus der Insul weg. Nun
war zwar dem königlichen Gesetz eine Genü=
ge geschehen, allein der König nahm doch
diese Mishandlung sehr ungnädig auf. Er
schickte Soldaten hin, und ließ die ganze Co=
lonie mit Feuer verbrennen, die Rädelsfüh=
rer schmählich hinrichten, und die Einwoh=
ner derselben all des Ihrigen berauben, sie
wurden zum Bettelstand auf eine lange Zeit
verdammt, und durch die ganze Insul
zerstreut.

Nun

Nun fengen die Anhänger des Prinzen
an, sich auszubreiten; sie verschrieben wei-
ßes Pulver genug, unterhielten Correspon-
denz mit dem Prinzen, und es schien im
Anfang, als wenn die Insul in kurzer Zeit
zu ihrem völligen Flor kommen würde.

Allein die verzweifelten Cokosbäume hu-
ben wieder an, gepflanzt zu werden, die Leute befanden sich wohl dabey, denn auf diese
Weise konnten sie ihr faules Leben fortsetzen
und brauchten sich nicht zu plagen; daher
fieng auch die vortreffliche Anstalt des Prinzen an, ins Stecken zu gerathen. Es wurde
wenig weis Pulver mehr verschrieben, und
die Verwilderung nahm wieder so sehr die
Oberhand, als jemalen. Doch waren noch
viele Leute, die treulich fortfuhren, rund um
ihre Wohnung herum so viel anzubauen,
als sie konnten, und sich zu der Partie des
Prinzen zu bekennen.

Nach langer Zeit thaten sich unter den
Anhängern des Prinzen Leute hervor, die
öffentlich ausstreuten, der König habe keinen Prinzen, derjenige Mensch, der sich ehe-
malen dafür ausgegeben, seye kein königlicher Prinz, sondern ein anderer ehrlicher
Einwohner der Insul gewesen, man habe
nicht

nicht nöthig, seinen Anweisungen zu folgen. — Die Getreuen des Prinzen hiel-
ten ihnen ihre Dokumente vor; allein sie
lachten darüber, und sagten: ob man sie so
einfältig hielte, zu glauben, dergleichen
Zeugnisse seyen richtig. Diese Leute behaupteten öffentlich, das ganze Land sey so nach
des Königs Willen eingerichtet, er wolle es
so verwildert mit allen den reissenden Thieren
haben, wie es da sey; wenn ers anders haben wollte, so wär er mächtig genug, die
Cultur und den Bau desselben ins Werk zu
setzen. Man stellte ihnen ferner vor, und
fragte sie, wofür sie denn da seyen? Ey!
antworteten sie, wir sind des Königs Un-
terthanen, er ist ein gnädiger Herr, er wird
uns nicht strafen, daß wir etwas unterlassen haben, wozu wir zu schwach waren.
Ihr müßt aber doch gestehen, (versetzte einer
aus den Anhängern des Prinzen) daß das
Land unendlich besser, fruchtbarer, volkrei-
cher, angenehmer und für unsere eigne Bedürfnisse ganz unvergleichlich bequemer seyn
würde, wenn es von seiner Verwilderung
befreyt, und durchgehends zum Feld- und
Gartenbau angebauet würde. Wem liegt
nun die Verbesserung ob? gewislich, denen
es vom König anvertrauet ist! — Wollt
ihr nun das Mittel nicht brauchen, das uns

der

der Prinz hinterlassen hat, wollt ihr keinen
Theil an ihm haben, da er der souveraine
Herr der Insel ist, so seyd ihr doch schuldig,
den Theil, der euch davon vertrauet ist, rein
zu halten, und ihn nach denen natürlichen vernünftigen Recht anzubauen; und wo ihr das
nicht zu Stande bringen könnt, so seyd ihr
wiederum schuldig, das euch so verhaßte
Mittel ordentlich zu brauchen, und wo ihrs
alsdann falsch findet, so soll ihr Recht
haben.

Nun frage ich Euch, Religionszweifler,
aufrichtig; antwortet mir Eures Herzens
Gedanken: Haben die Rebellen gegen den
Prinzen Recht oder Unrecht? — Hat der
König nicht Recht, von ihnen zu fordern,
daß sie den Theil des Landes, das sie be-
wohnen, so fruchtbar machen, als möglich
ist, besonders, da er es ihnen deswegen übertragen hat, und wenn es die
höchste Wahrscheinlichkeit vor sich hat, daß
ein königlicher Prinz Herr des Landes sey,
daß er kommen wird, Rechenschaft von Euch
zu fordern. Was werdet Ihr ihm antworten? — Wenn er Euch zum Exempel fragen würde:

Warum

Warum liegt das Land so wüste?

„Herr wir haben es nicht gebauet!"

Warum habt ihr es denn nicht gethan?

„Wir glaubten nicht, daß es nöthig
wäre."

Ihr wißt aber doch, daß es unendlich
besser wäre, wenns geschehen wäre, warum
habt ihrs unterlassen?

„Herr, sey gnädig! Wir hatten keine
Kräfte dazu."

Meine Diener hatten aber ein Mittel,
welches ich ihnen hinterlassen, durch dessen
Gebrauch ihr leicht hättet zum Zweck kommen können. Habt ihr es versucht, und
falsch befunden?

„Wir habens nicht versucht?"

Warum nicht?

„Weilen wir nicht glaubten, daß es
dich zum Urheber habe."

Wenn

Wenn aber viele Zeugen behaupteten, es
seye vollkommen gut, und zum Endzweck
geschickt, wäret ihr nicht schuldig gewesen,
die Probe zu machen? — Ihr verstummt! —
Nun untersucht die Sache selber, ihr wider-
spenstigen Faullenzer! Ich hatte bey meinem Vater alle eure schwere Beschuldigun-
gen und Uebertretungen ausgetilgt. Ich
hatte euch ein Mittel angewiesen, wie ihr
den Plan meines Vaters zu eurem eigenen
höchsten Besten leicht ins Werk hättet richten
können, und ihr habt es verworfen.

Das erschreckliche Urtheil.

Bebt zurück, ihr Vermaledeyten!
ins ewige Feuer, das dem Teufel und
seinen Engeln von jeher bereitet ist.

Ich bitte einen jeden, der diese meine
vorgeschriebene Vorbereitung durchgelesen
hat, und besonders diejenigen, die es eigentlich angehet, doch alles wohl zu beherzigen, und die Sache nicht so leicht überhin
zu behandeln. Die Wahrheit von Christo
ist würklich der besten Untersuchung werth,
es bleibt einmal dabey. Die Verbesserung
des Menschen ist von solchem Gewicht, daß
wir alles versuchen müssen, um dazu zu gelangen,

und da die chriſtliche Religion den beſten Anſchein hat, dazu zu verhelfen, ſo iſt es gewiß ſtrafbar, wenn wir nicht alle Mittel anwenden, und verſuchen, die ſie uns als die beſten anpreiſet.

Doch zu der Kur, die ich hier zu beſchreiben vor mir habe, und die gewiß denjenigen von ſeinen Zweifeln heilet und zum wahren Chriſten macht, der ihr folgt, fordere ich jetzt weiter nichts, als:

Daß er erkenne, daß die Haltung des Naturgeſetzes der einige Weg ſey, ſich ſelbſten und das menſchliche Geſchlecht glückſeelig zu machen.

Daß er alſo verpflichtet ſey, dieſes Naturgeſetz vollkommen zu halten, weil Gott ein Recht hat, ihn nach dieſem Leben zu ſtrafen, wenn ers nicht vollkommen hält, und dann auch, weil es das einzige Mittel iſt, ſich ſelbſten und ſeinen Nächſten glückſeelig zu machen.

Daß er ernſtlich und reiflich dieſe ſeine Pflicht erwege, und dann einmal überlege, ob ihn ſein jetziger Zuſtand nun beruhigen

E   könne,

könne, da er keinen Augenblick vor dem Tode sicher ist, und ob ers solchergestalt wagen dürfe, so nackt und blos vor der vollkommnen Gottheit zu erscheinen? —

Daß er dem zufolge sich ernstlich entschliesse, von nun an seine Pflichten zu erfüllen, die er nach dem Lichte der Vernunft dafür erkennet, sie mögen ihm so hart und so sauer ankommen, als sie wollen, und daß er sich unverbrüchlich als vor Gott dazu verbinde, alle Wahrheiten, die ihm von nun an klar und deutlich werden möchten, unverzüglich dafür zu erkennen, und ihren Forderungen nach allem Vermögen unparteyisch zu folgen.

Alle nun, die so gesinnt sind, lade ich zur Kur ein, und verspreche ihnen, wenn sie mir folgen wollen, völlige Genesung. Ich will mich noch dazu anheischig machen, nichts von ihnen zu fordern, als was billig und gerecht ist.

Gründ-

Gründliche Kur

des

Religionszweifels.

Christus ipſe colendi
Haud facilem eſſe viam voluit, primusque peracto
Cor coluit, magnis acuens & pectora curis.

C 2

Zweyter Abschnitt.
Gründliche Kur des Religionszweifels.

So zuverläßig diese Anweisung ist, um zu dem höchsten Ziel der Herzens- und Seelenverbesserung zu gelangen, deren der Mensch in diesem Leben fähig ist; so schwer ist auch dieselbe, besonders, wenn man bedenket, wie weit das menschliche Geschlecht von der ersten rohen Natur ausgeartet, und nach dem Verhältniß der Cultur feiner, oder besser sinnlicher geworden ist. Wir haben oben schon bewiesen, daß die Sinnlichkeit der Vervollkommnung gerade zuwider ist. Es ist daher klar, daß, je höher jene gestiegen ist, desto schwerer wird letztere. — Wir dürfen daher nur die Geschichte der Menschheit durchgehen, so werden wir finden, daß es die Weisheit Gottes so von jeher geordnet hat, daß sich die Sinnlichkeit endlich zu schanden arbeiten, und ein Staat, Volk, oder menschliche Gesellschaft wieder in den ersten Naturstand zurücksinken muß, damit die Anstalten Gottes zur Verbesserung wieder neuen und besseren Eingang finden möch-

E 3   ten.

ten. Selbsten die gottesdienstliche Verfassungen auf der politischen Seite betrachtet, nehmen diese Wendung. Denn wer siehet nicht, daß auch die Sinnlichkeit sich nach und nach in die heiligsten Dinge einmischt, und weilen dieses Uebel die gewöhnliche Naturmenschen mehr reizt, als das Geistige und Wahre, so verwandelt sich die Religion vor und nach in bloße Ceremonien, und man weicht immer mehr und mehr von der Wahrheit und vom Wege zur Vollkommenheit ab. Gott siehet endlich drein, und sendet neue Lehrer der Menschen, die die Religion wiederum reinigen, und solchergestalt zum grosen Endzweck bey der Schöpfung wiederum bequem machen.

Eben dieses, was den Absichten Gottes im Grosen zuwider ist und die Besserung hindert, eben das stehet auch einem jeden einzelnen Menschen im Wege. Daher müssen diejenigen, welche reich, vornehm und sehr sinnlich sind, ungleich mehr Mühe anwenden, zur wahren Spur der Weisheit zurück zu kommen, als einfältige schlechte und geringe Leute; und eben so diejenigen, die sich viele vernünftige Lehrgebäude nach ihren eigenen Grundsätzen aufgeführt haben, müssen vielmehr reformiren, einreissen, und aufbauen,

aufbauen, als diejenigen, welche keine
Richtschnur ihres Glaubens und ihres Thuns
und Lassens anders haben, als allgemeine.

Noch eins steht sonderlich heutiges Tages
der wahren Herzensbesserung ungemein im
Wege; es giebt nemlich Menschen, die zu
dem Religionszweifel, wenn ich so reden
mag, nicht Herz genug haben; sie sehen
wohl, daß sie außer der Religion keine Ruhe
haben werden, und eben darum thun sie
gleichsam ein Auge zu, um sich nicht zu stö-
ren. Sie subtilisiren sich ein gewisses Sy-
stem ihres Glaubens, und dabey bleiben sie
stehen. Sie schmieren sich ein Pflaster, de-
cken damit das Geschwür zu. Allein ich muß
das sagen, solche Menschen sind noch weniger der Besserung fähig, als die Freygeister.
Denn diese, wenn sie redlich sind, zweifeln
aus Wahrheitshunger; jene aber mögen
nicht einmal zweifeln, sie sind zufrieden,
wenn sie nur ihrem Gewissen das Maul stop-
fen können. Ein jeder merke sich diese fel-
senfeste Wahrheit.

**Ein jeder Mensch, der nicht einen
unendlichen Trieb bey sich spüret, nach
den ewigen Gesetzen zur Vollkommenheit**

heit zu wandeln, sein Leben darnach
einzurichten, und der nicht würklich
allen Fleiß zu diesem Endzweck anwen=
det, der mag glauben, was er will, er
mag das reinste Religionsystem haben,
so ist er nicht ein Haar besser, als der=
jenige, der gar keins hat. Fühlt ihr nicht
einen starken Trieb bey euch, einen armen
Menschen, der zerlumpt und hungrig bey
euch vorbeygeht, zu kleiden und zu speisen;
thut ihrs nicht, wo ihr nur könnt; fühle
ihr keinen Abscheu vor dem Laster, und kei=
ne unüberwindliche Liebe zur Tugend, suche
ihr nicht alles das an eurem Nebenmenschen
ins Werk zu setzen, was ihr wünschet, das
er an euch thun möchte, so mögt ihr ein noch so
reines Glaubensbekänntniß, einen englischen
Verstand haben, es ist euch alles nichts nü=
tze, und ihr seyd unnütze Menschen, die un=
ser Herr Gott zu weiter nichts brauchen kann,
als den Platz auszufüllen, wo ihr auf seinem
Erdboden lebet und webet. Und hernach? —
Weh euch! —

Alle diejenigen nun, die einen aufrichti=
gen Wahrheitshunger haben, die gern alles
erfüllen möchten, was sie nur ihre Pflichten
zu seyn, vollkommen überzeugt sind; die,
mit einem Wort, rechtschaffene Menschen
sind,

sind, sie mögen übrigens Juden, Heyden, Christen, Freygeister, Deisten ꝛc. heisen, so lang sie wollen, alle die lad ich ein, und sie sollen zuverläßig den rechten Weg finden, der sie zeitlich und ewig glückselig machen wird. Diejenigen aber unter meinen Lesern, die würklich an der Wahrheit der Religion Christi keinen Zweifel haben, die entlasse ich, für die hab ich nicht geschrieben, sie werden wohl wissen, wie man den Geist empfangen müsse, der in alle Wahrheit leiten kann. Jene aber bitte ich, zu kommen, meine vorangesetzte Vorbereitung wohl zu beherzigen, und wenn sie sich unwiderruflich entschlossen haben, alles zu versuchen, um bessere Menschen zu werden, und den Frieden Gottes, der alle Vernunft übertrift, welches das wohlgefällige Zunicken der hohen Gottheit ist, wesentlich zu empfinden, so werden sie weiter mit mir gehen, und solchergestalt fortfahren.

Nehmt euch nun einmal gänzlich vor, nichts anders zu thun, als was ihr nach der Vernunft für das Beste erkennt, ohne eure Begierden und Lüste zu fragen. Ihr wißt nicht, welcher Religion unter allen in der Welt ihr beyfallen sollt. Ich weise euch deswegen vorerst auf die blose natürliche Religion,

gion, die gebeut euch vorerst: **Ihr sollt euren Nebenmenschen suchen, so glückseelig zu machen, als ihr könnt.** Bemerket derowegen alle eure Handlungen; gebt
Acht darauf, ob ihr bey allem eurem Thun
und Lassen den Zweck habt, euch selbst dadurch ohne eurem Nächsten zu schaden, zur
Vollkommenheit zu helfen, oder ob es jemand anders wahren Vortheil bringen kann.
Sobald ihr findet, daß eure Handlung weder
nothwendig noch dieser Zwecke einen habe,
so entschlaget euch derselben, eure Begierden
mögen euch so stark reißen, als sie wollen.
Und wenn ihr euch einbildet, ihr könntet
vor diese Zeit keine nützliche Handlung verrichten, so betrügt ihr euch. Kein Augenblick unsers Lebens ist übrig, wir haben viel
zu wenig Zeit, um alle Pflichten zu erfüllen, die uns obliegen. Denn bedenket einmal die Zeit, die ihr versäumt habt. Bedenkt, wie viel Gutes an andern Menschen
zu thun ist, ohne daß ihr jemalen damit
fertig werden könnt. Derowegen, wenns
euch einfällt: Ey! jetzt hab ich doch ein
wenig Zeit, ich wüste doch nicht, was ich
jetzt zu versäumen hätte; jetzt will ich also
ein wenig in Gesellschaft gehen, meine Berufsgeschäfte hab ich ja ausgerichtet, u. s. w.
so glaubt gewiß, daß die Sinnlichkeit, wie

gar

gar zu oft geschieht, ohne euer Wissen die
Vernunft bestochen hat. Setzt euch deswegen
hin, und prüfet euch: Ob es nicht besser
wäre, wenn ihr hingienge, das Geld, welches ihr in eurer Gesellschaft auf erlaubte
Vergnügen verwenden wolltet, jener armen
Familie insgeheim brächtet, euch bey ihr
niedersetztet, und ein und anderes Nützliches
bey den guten Leuten spräcget? — Bey
dieser Untersuchung wird sich eure Sinnlichkeit empören. Ja, wird es heissen, wo ist
es möglich, so zu leben? Ey! doch, es ist
wohl möglich. Versucht es nur, es wird
im Anfang schwer; allein durch die Uebung
wird alles leicht, und ihr werdet anfangen,
ein besonderes Vergnügen nach jeder guten
Handlung zu empfinden, ein so reines, euch
vorhin ganz unbekanntes Wohlthun, das
euch reichlich allen sinnlichen Verlust ersetzen
wird. Ihr werdet allmählich anfangen, mehr
und mehr Lust zur Wohlthätigkeit zu bekommen, und wenn ihr nur treu darinnen seyd,
so werdet ihr auch immer stärkern Trieb dazu bekommen.

Lasset derowegen niemalen eine Gelegenheit wohlzuthun, aus der Acht, und wo
ihrs thut, so werdet ihr allemal die Rügung
eures Gewissens spüren, die euch innerlich
hart

hart bestrafen wird, und zwar härter, nach
Maasgabe der Wichtigkeit der Versäumniß,
und schwächer, wenn die Pflicht nicht so
wichtig war. Sollte aber euer Muth schwach
werden, und ihr anfangen überwunden zu
werden, so müßt ihr neuen Muth schöpfen,
und euch nach den Regeln, die ich
euch weiter unten geben werde, wo von der
Aufmerksamkeit auf uns selbst die Rede seyn
wird, genau betragen.

Ueberlegt immer nach den Regeln der
gesunden Vernunft, ohne auf eure unnöthige Begierden Rücksicht zu haben, ob ihr
ohne eurem Stand, eurem Hauswesen zu
schaden (mehr will ich jetzt noch nicht fordern) nicht etwas übrig hätte, das einem
eurer Mitmenschen nützlicher seyn könnte
als euch. Durchsuchet euer Geräthe, und
ihr werdet immer etwas finden, dessen Werth
einen Leidenden erquicken kann. O! wer
nur von Herzen gesinnet ist, Gutes zu thun,
der wird immer Anlaß finden. Möchten
doch alle Landesfürsten unsern Durchlauch-
tigsten Regenten auch darinnen nachzuahmen
suchen, daß die unnöthige Pracht in Kleidern
abgeschafft würde! Möchten denn aber auch
die Menschen liebreicher gesinnet seyn! Wie
viel

viel könnte nicht zum Unterhalt der Armen, ohne sich noch etwas abzuziehen, verwendet wer-
ben, Länder und Staaten könnten sich dadurch einen bleibenden Seegen erwerben,
anstatt, daß Ueppigkeit und Wolluſt nur
Fluch und Verderben nach sich ziehen. Allein mit der Kaltſinnigkeit gegen die Religion wächſt auch die Liebloſigkeit gegen die
Tugenden!!!

Eure Vernunft wird euch immer einwenden: Dieses hab ich geerbt, jenes hab
ich verdient, es iſt ja mein, ſollt ich das
weggeben? Und wie ſind die mehreſten armen Leute geſinnt? Sie verſchwenden die
Allmoſen; man wendet ſeine Gaben nur
übel an. Darauf dient zur Antwort: Ihr
ſeyd ein vor allemal ſchuldig, euren Nächſten eben ſo glückſeelig zu machen, als ihr ſelber ſeyd. Nur iſt dieſes zu bemerken: Das
Naturgeſetz iſt allen Menſchen gegeben, und
auf die Beobachtung von allen Menſchen
eingerichtet. Würden es nun alle Menſchen
halten, ſo wär es nicht ſchwer; allein da
es die wenigſten halten, ſo kann es eine
Einſchränkung leiden, und nach dieſer Einſchränkung richte ich meine Regeln. Ihr
ſeyd daher eben nicht ſchuldig, ſo lange
wegzugeben, bis ihr eure bloßen Bedürfniſſe
zum

zum Leben nur habt, sondern dasjenige nur, was euer Beruf und Stand, ohne deswegen vermindert zu werden, miſſen kann. Wird dieſe Regel beobachtet, o! ſo werdet ihr noch ſo vieles finden, daß ihr thun könnt, ſo daß eure Sinnlichkeit, wie raſend, ſich dargegen ſträuben wird. Allein ihr ſeyd ſchuldig, mit aller Macht dagegen zu kämpfen.

Was aber das zweyte betrifc, ſo ſeyd ihr verpflichtet, die wahre Nothdurft eines dürſtigen Gegenſtandes zu unterſuchen, und wo ihr dieſes nicht könnt, mäßig zu geben. Wißt ihr aber die Bedürfniß euers Nebenmenſchen genau, ſo habt ihr zwo Regeln. Die eine iſt: Gebt nach Vermögen. Die zweyte: Gebt nach der Bedürfniß. Ein Menſch, der Willens iſt, die Wahrheit ſeines Weges zur ewigen Glückſeeligkeit zu finden, der iſt ſchuldig, dieſes alles in Abſicht auf ſeine zeitliche Güter genau zu beobachten.

Wir gehen weiter zu den Geſetzen der Mäßigkeit über; und hier finden wir ein weites Feld vor uns. Was Speiſe und Trank betrifc, da hat es die ſinnliche Luſt in ihrer Herrſchaft ſehr weit gebracht. Wenn unſere

re Tafel einmal nach den Gesetzen der Na=
tur sollte geprüft werden, wie viel würde da
nicht durch die Zeit übrig gefunden wer=
den? — Und dieser Ueberfluß ist eine
doppelte Sünde; denn erstlich hat er in Ab=
sicht auf euch selbst weiter keinen Nutzen,
als daß er den Sinn des Geschmacks befrie=
diget, hingegen aber eueren Leibes= und
Seelenkräften schädlich ist. Vors zweyte
aber könnten viele Arme und Nothleidende
von diesem Ueberfluß ihre Bedürfnisse be=
friedigen, die sie ohne das nicht haben kön=
nen. Daher entstehet diese Regel: **Es soll
weiter nichts auf unsern Tisch gebracht
werden, als was unsern Leib zur Noth=
durft nähret und stärket.** Wir sollen
bey jedem Gerichte uns prüfen, ob es
uns nöthig und nützlich sey, oder ob
wir es missen könnten, ohne unserer
Gesundheit zu schaden; ist das letz=
tere, so müßt ihrs nie wieder auf den
Tisch bringen, sondern den Werth
dafür den Armen geben. Das ist sehr
hart! — Ja es ist hart, aber prüft es
nur unparteyisch nach der gesunden Ver=
nunft, so werdet ihr doch finden, daß es
recht ist, und daß es euch nirgends wo scha=
det, als an der Befriedigung eurer Lüste.
Aber die Befriedigung eurer Lüste ist ja euer

Ver=

Verderben. Dankt also Gott, daß ihr
Mittel findet, euerem Verderben zu ent=
gehen. Darum thut euch Gewalt, die
Sinnlichkeit mag murren, wie sie will.
wie seelig werdet ihr seyn, wenn ihr in die=
sem Kampfe redlich ausgehalten habt! —
Aber auch an den simpelsten Speisen kann
man sich gegen die Mäßigkeit versündigen.
Die Begierden sind unendlich. Werden wir
so lang essen und trinken, bis wir gar keinen
Appetit mehr haben, so ist schon mehr ge=
nossen worden, als die Gesundheit des Kör=
pers erfordert; derowegen höret allezeit zu
essen und zu trinken auf, wenn ihr verspüret,
daß ihr noch wohl Lust hättet, etwas zu ge=
niesen, so werdet ihr ein munteres, gesundes
Leben führen, vielen Krankheiten entgehen,
Leibes= und Seelenkräfte in gehöriger Wür=
kung erhalten, und bey nächster Mahlzeit
wird euch eure einfältige Speise besser schme=
cken, als dem Unmäßigen all sein Gesottenes
und Gebratenes. Starke Getränke müßt
ihr nur brauchen als Arzeney zur Stärkung,
sonsten sey euer Trank reines Wasser. Beob=
achtet diejenigen Menschen, die aus Man=
gel nur mäßige und einfache Speisen und
Getränke geniessen; dabey aber dasjenige,
was sie haben wollen, mit der Hand erwer=
ben müssen, sind sie nicht die gesundesten
Men=

Menschen? Und eben diese Glückseligkeit
könnt ihr haben und genießen, wenn ihr
euch nur der Mäßigkeit befleißiget.

Ich will in diese Klasse solche Verschwen-
dungen nicht bringen, die ohnehin schon groß
genug sind, um von sinnlich ehrbaren Menschen bemerkt zu werden; sondern nur ein
Wort von einer höchst wichtigen Ausschwei-
fung der Sinnlichkeit reden, nemlich von
der Unzucht. Hier verbeut mir leider die
unzeitige Schamhaftigkeit deutlich zu seyn;
doch will ich mich so erklären, daß derjenige, der mich begreifen will, keine Ursache
haben werde, über Dunkelheit zu klagen.

Die Fortpflanzung des menschlichen
Geschlechts ist nur dem göttlichen Befehl
begleitet: Seyd fruchtbar und mehret
euch und erfüllet die Erde, und machet sie
euch unterthan! Diejenigen, welche an
der Wahrheit der Schöpfungshistorie Mosis
zweifeln, werden doch diesen göttlichen Befehl in der Vernunft gegründet finden. Dieses Geschäfte ist aber mit so vielen Schwierig-
keiten und beschwerlichen Umständen verbunden, daß es ganz gewiß verabsäumt würde,
wenn es nicht mit gewissen sinnlichen Rei-

zen

zen begleitet wäre, die den obichin ſinnlichen Menſchen dazu andrängen.

Nun iſt es aber dahin gediehen, daß beyderley Geſchlechter ſich gewöhnlich nur um des ſchnöden ſinnlichen Reizes willen mit einander vermiſchen. Und da die Begierden immer unendlich ſind, ſo findet auch hier die Sinnlichkeit keine Schranken, bis die Natur ſelbſten durch verdorbene Geſundheit und abſcheuliche Krankheiten ſich rächet. Das wahre Naturgeſetz iſt alſo auch hier leicht zu finden, nemlich: Beyderley Geſchlechter dürfen ſich anders nicht beywohnen, als wenn der Endzweck der Beywohnung erreicht werden kann, und niemalen unter andern Umſtänden, als wo ſie im Stande ſind, ihre Kinder leiblich und geiſtlich zu verſorgen, das iſt, im Eheſtand. Alle Einſchränkungen dieſes Geſetzes geſchehen nur der Sinnlichkeit zu gefallen, und haben keine andere Entſchuldigung, als menſchliche Schwachheit; wir müſſen aber dahin trachten, ſtark zu werden. Die Uebertretung dieſes Naturgeſetzes iſt ſo wichtig wegen ihrer Folgen auf die Glückſeligkeit des menſchlichen Geſchlechtes, und ſteht in ſo großem Verhältniß mit allen andern Laſtern, daß faſt

fast alle gesittete Völker von jeher politische
Strafen auf gewisse Arten dieses Verbrechens gesetzt haben. Ich fordere aber mehr,
als Statistick und Politick, ich will, daß
das Herz gründlich und aus der Wurzel gebessert werde. Daher muß auch das ver-
mieden werden, was wol eben keine Folgen
auf die menschliche Gesellschaft, desto grösere
aber für unsere eigene Person hat. Mit einem Wort, ich fordere die Haltung des
strengsten Naturgesetzes nach Möglichkeit,
und wo es zuweilen übertreten wird, schleu-
nige Rückkehr, mit dem ernstlichen Vorsatz,
sich hinfüro vor solchen Fehlern zu hüten.

Je gröser der sinnliche Reiz ist, je schwerer ist auch die Ueberwindung desselben, und
eben diese Anmerkung gilt von der Sache,
wovon ich jetzt handle; wir müssen daher alle Hülfsmittel bey die Hand suchen, die uns
in diesem Fall unterstützen können. Die
Mäßigkeit im Essen und Trinken nach meiner obigen Vorschrift, ist das beste Mittel
dawider; hernach giebt auch der Müßiggang
zu unreinen Vorstellungen Anlaß, deroswe-
gen müssen wir uns immer beschäftigt halten,
und beständig auf unsere aufkeimende Gedanken aufmerksam seyn. (Doch dieses letz-

tere

tere ist von so großer Wichtigkeit, daß ich
unten weitläuftiger davon reden muß) damit wir im Stande seyn mögen, die allererste
noch schwache Anfänge der sinnlichen Reitze
zu ersticken; und endlich ist es eine vortreffliche Arzeney gegen die Geilheit, wenn wir
spät zu Bett gehen, und des Morgens früh
wieder aufstehen, und also nur höchst noth-
dürftig schlafen. Dieses leztere hat auch sonsten ungemein vielen Nutzen in dem Ver-
besserungsgeschäfte, der Leib wird gesund und
kräftig zur Arbeit erhalten, und ich gewinne
Zeit, meine Berufsgeschäfte, die ich doch
nicht alle nach meiner Pflicht ausüben kann,
besser und vollkommener zu verrichten.

Es giebt noch gewisse stumme Sünden,
die hieher gehören, und die erschrecklich sind.
Leset Herrn Tissots Traktat von der Selbst-
befleckung, und die Englische Onanie ins
Teutsche übersetzt. Alle, die sich schuldig
wissen, werden merken, wohin ich ziele,
und ich fordere die strengste Unterlassung
solcher Laster, sie ziehen erschreckliche Krankheiten, leibliche Strafen, höllische Gewis-
sensbisse, und Flüche auf Kinder und Kin-
deskinder nach sich. Und zu meinem jetzigen
Vorsatz fordere ich nochmalen die strenga
ste

ste Abſtinenz vor dergleichen heimlichen Greueln.

Endlich komm ich zu der gröſten Wurzel des menſchlichen Verderbens, zu der Hauptſtütze der Sinnlichkeit, zu dem Fund, mit dem ein Menſch, der an ſeiner Vervollkommung arbeitet, am allerlängſten, ja bis in den Tod zu ſtreiten hat, ich meyne die Eigenliebe.

Das wahre Geſetz, welches ihr entgegen geſetzt iſt, heißt: Der Menſch ſoll alle ſeine Mitmenſchen in eben dem Grade lieben, als er ſich ſelbſt liebt. Dieſes Geſetz gründet ſich auf die Geſellſchaftsregeln, wo einer des andern Beſte eben ſo gut, wie ſein eigenes beſorgen muß; ſo auch das ganze menſchliche Geſchlecht macht eine einzige Geſellſchaft aus, in welcher ein jedes Mitglied helfen muß, daß, ſo die einzelne, als die Vollkommenheit des Ganzen überall befördert werde. Dieſes kann aber nicht anders geſchehen, als wenn die allgemeine Liebe beobachtet wird, die ihren Grad der Vollkommenheit erreicht hat, wenn ſie der Eigenliebe gleich iſt. Da nun die Sinnlichkeit unerſättlich iſt, indem die unendliche Begierden der Seelen in dieſelbe gewendet

ſind,

sind, so nimmt die natürliche Eigenliebe eine solche Richtung, daß sie nur für sich selber sorgt, alles, was sie vergnügen kann, ohne
Rücksicht auf andere Menschen an sich zieht,
und daher alles verabscheuet, was ihr nach
ihrem Wahn zu ihrem Endzweck zu gelangen, im Wege steht. Um nun hier zur
wahren vernünftigen Erkenntniß dessen, was
recht und unrecht ist, zu gelangen, so muß
ich vorerst untersuchen, ob ich mich mehr
liebe, als recht ist; denn die menschliche
Liebe und Hochschätzung muß sich verhalten,
gerade, wie der wahre Werth des Gegen-
standes, den ich liebe; dieses ist das Recht
der Natur. Nun bestehet aber der wahre
Werth des Menschen darinn, wie weit er
dem Gesetz der Natur gehorsam leiste, oder
welches eben so viel ist, wie weit er in seiner
wahren Verbesserung gekommen ist. Denn
anderweitige Naturgaben und Geschicklich-
keiten des Geistes legen dem, der sie besitzt,
keinen höhern Werth bey, sie machen ihn
im Gegentheil verächtlicher, wenn er sie
nicht zum allgemeinen Zweck der Menschheit
anwendet. Nach diesen Regeln muß ich
mich untersuchen, und zwar ganz unparteyisch, so werd ich finden, daß ich ungemein weniger Hochachtung verdiene, als ich
mir selber zuschätze. Derowegen, sobald
ich

ich mir selbsten etwas zueigne, so bin ich
schuldig, eben dieses euch andern zuzueignen.
In diesem Punkt müsst ihr auch also unver=
drossen üben, und bey allen Gelegenheiten
wo ihr etwas redet, thut und handelt, un=
tersuchen: kommt mir dieses auch zu, hat
ein anderer nicht eben das Recht, rede ich
da auch etwas, das meinen Nächsten ver=
kleinert, oder das mich über meine Schran=
ken erhebt, und wenn ihr dieses mit aller
Vorsichtigkeit beobachtet, so werdet ihr vie=
len Lastern und Verdrieslichkeiten entgehn,
die aus dieser Quelle der falschen Eigenliebe
entspringen.

Es ist euch bekannt, daß die Menschen
ins allgemeine geneigt sind, hoch von sich
selbst, von andern aber gering zu halten.
Ihr müßt deshalben, wenn ihr sie bessern
wollt, und das ist doch eure Pflicht, allen
Menschen nachgeben. Wenn euch jemand
beleidigt hat, so werdet ihr ihn nicht bes=
sern, wenn ihr ihn wieder beleidiget und
euch rächet, sondern, wenn ihr ihm nachge=
bet, und ihm Liebe beweiset, so wird er sich
schämen, und wenn ihr nur in dieser Ge=
sinnung beharret, so werdet ihr sehen, daß
eure ärgste Feinde eure Freunde werden müs=

sen.

sen. Sehet! welche Gewalt die Menschenliebe
hat! — Welchen Vortheil, und welche
Gemüthsruhe, werdet ihr euch durch ein solches Betragen zuziehen, und wie viel werdet ihr dadurch zur Vermehrung der menschlichen Glückseligkeit beytragen!!! Niemalen bessern wir, wenn wir die Menschen,
auch unsere Untergebenen, mit Gewalt zu ihren Pflichten antreiben. Am besten ist ein
gutes Exempel und Ueberzeugung. Doch
schliesse ich wohlverdiente Strafen nicht aus.
Es giebt warlich Menschen, die sich durch
nichts zurecht weisen lassen, als durch Gewalt, diese müssen durch ihre Obern gezwun-
gen werden.

Wir haben bey Ausübung dieser Pflichten nur eine Einschränkung, nemlich: wir
dürfen unserm Nächsten nicht nachgeben,
wann wir gegen das Gesetz der Natur sündigen, und uns ebenfalls dazu verbinden will;
in dem Falle müssen wir ihm sanftmüthig seine Pflichten verhalten, und wenn er uns
nicht gehorchen will, so lassen wir ihn fah-
ren, hüten uns aber dabey, so viel an uns
ist, daß wir ihn nicht beleidigen. Seyd
nur getreu in euerer Verbesserung, so werdet ihr in allen unzählbaren Fällen durch
die Stimme eueres Gewissens nach diesen
Ge-

ſetzen geleitet werden, und ihr werdet nicht
irren, wenn ihr nur thun wollt, was recht
iſt.

Der Neid iſt ein Laſter, welches aus
der falſchen Eigenliebe entſtehet, wenn ich
ſehe, daß ein anderer ein Gut beſitzt, welches
ich lieber ſelber hätte, und ihn darum an-
feinde, ſo bin ich neidiſch. Wir ſehen alſo,
daß dieſes Laſter eine Neigung ſey, vermög
welcher ich meinen Nächſten nur darum haſ-
ſe, weil ich mich ſelber nicht genug lieben kann. Daher iſt es der Menſchenverbeſſerung höchſt nachtheilig. Das Geſetz,
welches es genau betrifft, heißt alſo: **Wir
müſſen unſern Nächſten lieben, als uns
ſelbſt, und ihm darum eben die Güter
gönnen, die wir uns ſelbſt gönnen.**
Nach dieſer Regel alſo müſſen wir unſere
Affekten bezähmen und beſtändig ſuchen,
uns in allen Stücken darnach zu betragen.

Das Laſter, welches mit dem Neid am
nächſten verwandt iſt, iſt der Geiz. Ein
jeder Geizhals iſt neidiſch, und ein jeder
Neidhard geizig. Der Geiz treibt an, ſo
viele Güter zuſammen zu ſcharren, als möglich iſt, ohne Rückſicht der Bedürfniſſe an-

F 5 derer

derer Menschen. Wir brauchen nicht zu beweisen, daß dieses Laster gerade dem Gesetz der
Natur widerspreche, wir wollen uns nur eine Gegenregel formiren, und dieselbe genau
beabachten.

Diejenigen Güter, welche wir durch
unsern ordentlichen Beruf, ohne jeman-
den etwas abzuziehen, das ihm zu-
kommt, erwerben, sollen uns unsere
Bedürfnisse befriedigen, das übrige
aber wollen wir zum Wohl der Menschheit verwenden. Nach diesem Gesetz müßt
ihr euch in allen Stücken zu betragen
suchen.

Der Ehrgeiz gehört am nächsten hier-
her. Dieser sucht seinen Stand so hoch zu
bringen, als möglich ist, ohne Rücksicht
auf eigenen Werth. Da aber diese Neigung
nur unsere Pflichten vermehrt, deren wir
ohnehin mehr zu erfüllen haben, als wir zu
erfüllen fähig sind, so macht sie uns unsere
Besserung immer schwerer, geschweige, daß
dadurch die Sinnlichkeit immer mehr wächst,
und unsere Liebe zur Tugend deswegen immer
schwächer wird. Wir müssen uns in diesen
Fällen so verhalten, daß wir bey jedem
An-

Anlaß zu höherem Stand oder höherer Ehrbezeugung untersuchen, ob es nicht Menschen gebe, die dieser Erhöhung würdiger seyen als wir. Ist diese unsere Überzeugung redlich, so werden wir bald solche Leute finden, die diese Stelle ungemein besser bekleiden können, als wir selber; und ohnedis sollten wir doch erst einmal dasjenige thun, was wir in unserm gegenwärtigen Zustand zu thun vor uns haben, ehe wir uns zu mehrerern Pflichten verbindlich machen wollen. Diese Lehren müßt ihr genau überall und in allen Gelegenheiten eueres Lebens zu beobachten suchen.

Hochmuth, Zorn, Haß, Feindschaft, u. s. w. sind alle Geburten der Eigenliebe, wir müssen sie alle zu überwinden suchen, und es wird uns leichter werden, wenn wir obige Naturgesetze in allen Augenblicken unsers Lebens vor Augen halten, und darnach zu leben suchen werden.

Die Haupt= und Grundgesetze der Natur hab ich nun vorgeschlagen, und summarisch durchgegangen, man darf nur die Schriften rechtschaffener Moralisten durchgehen, so wird man unzählig mehrere finden.

den. Doch dieses ist nicht einmal nöthig: Seyd aufmerksam auf euer Gewissen, so werdet ihr finden, daß dasselbe euch alle- mal nach der großen Regul rüget: Thut, was euere und euers Nebenmenschen Glückseligkeit befördert, und unter- lasset, was derselben hinterlich. Nun ist aber alles zur Glückseligkeit beför- derlich, was den Menschen der Gott- ähnlichkeit näher bringt, und alles hin- derlich, was blos der Sinnlichkeit schmeichelt. Nach dieser Regel prüft alle euere Gedanken, Worte und Werke, so werdet ihr sicher gehen.

Die Beobachtung des Naturgesetzes ist aber nach aller Strenge unmöglich! werdet ihr mir einwenden. — In sich nicht un- möglich — Je weniger sinnlich, je mehr möglich; je mehr sinnlich, je weniger mög- lich. Der Mensch von allen Gewohnheiten, von aller angeerbten Gewohnheit, so wie er aus der Hand Gottes kam, betrachtet, kann sie nicht allein halten, sondern diese Haltung ist ihm sogar natürlich. Daß aber dieser Mensch die erste Probe der sinnlichen Reize nicht aushielt, daran ist Gott keine Schuld. Werdet ihr mir einwenden, Gott hätte

hätte solche Menschen nicht schaffen sollen, die sich so leicht unglücklich zu machen im Stande wären.

Ihr unbesonnene, einfältige Geschöpfe! — Ihr seyd abgewichen, Gott ist daran nicht Ursache, und doch hat er die vortrefflichsten Anstalten zu euerer Wiederkehr und Verbesserung gemacht. Schämet euch! Ihr seyd freye vernünftige Geschöpfe, wäret ihr wohl zu einer Glückseeligkeit fähig, wenn ihr sie nicht errungen hättet? Wird ein königlicher Erbprinz einiges Vergnügen daran haben, daß er Kronerbe ist? — Aber wenn ein geringer Bettler einen Weg vor sich fände, wie er, obwol mit vieler Mühe, zu einem mächtigen Thron gelangen könnte, würde er nicht Leib und Leben wagen, denselben zu erwerben? Und sobald er ihn besitzt, wird er von trunkener Freude überfliessen.

Eben so ist es auch mit den Menschen überhaupt. Würde sie Gott gleich anfangs in Glückseeligkeit versetzt haben, so würde seine Ehre seine Liebe und seine Herrlichkeit nicht so offenbar, dem Menschen aber seine Glückseeligkeit nicht so schätzbar geworden seyn.

Doch

Doch alles, was zur Theodicee gehört, wird dem wahren Christen offenbar, und was ihm nicht entdeckt wird, das erwartet er im Glauben; es lasse sich jemand durch meine vorgeschlagene Methode kuriren, und dann wird er nicht mehr sich darüber aufhalten.

Noch ein Gedanke von meiner Seele, den ich, ob er schon so eigentlich hieher nicht gehöret, doch einrücken muß, weil er zu meinem Vorsatz gehört:

Gott schuf den Menschen mit aller Fähigkeit das Gesetz der Natur zu halten. Wenn er es nun gehalten hätte, so war ihm Gott nichts weiter schuldig, als die ununterbrochene Fortdauer seines Daseyns, ohne Widrigkeit, ohne Beschwerlichkeit. Dieses konnte aber nach der Einrichtung der menschlichen Seele weiter nichts Vergnügendes für den Menschen ausliefern, als den ewigen Zustand einer ungekränkten Ruhe Der Mensch hätte seine Schuldigkeit gethan, und weiter hätte er nicht gekonnt; folglich war ihm Gott nichts mehr schuldig, als eine ruhige ungekränkte Fortdauer seines Daseyns. Auch hätte der Mensch in Absicht

sicht auf Gott keine weitere Urfache zu danken gehabt, als für sein Daseyn, und für
die schöne Schöpfung, als einem allmächti-
gen, allweisen, gütigen Schöpfer. Dieses
würde auch die göttliche Absicht zwar in dem
Fall erfüllt haben. Allein, da der frey ge-
schaffene Mensch einmal abwiche, so wuste
es Gott durch seine Anstalten so zu lenken,
daß der Mensch eine über alle Vorstellung
gehende Glückseligkeit zu noch größerer Ver-
herrlichung Gottes erlangen konnte. Aber
nun mußte dieselbe auch errungen und er-
kämpft werden. Christus hielt das Naturgesetz vollkommen, und erwarb uns Menschen
noch dazu die Gnade, durch welche uns
auch die Haltung desselben nicht schwer wird,
wenn wir sie nur gehörig zu erlangen suchen.
Und endlich tilgt dieser anbetenswürdige Erlöser die Schuld des menschlichen Geschlechts dergestalt, daß nun alle Tugenden der Frommen
mit unendlicher Glückseligkeit belohnet,
und nunmehro, nachdem Christus das Gesetz erfüllet hat, nicht mehr als Pflichten,
dazu wir ohnehin verbunden sind, angesehen
werden. Dennoch aber, wenn wir diese
Pflichten nicht erfüllen, so haben wir eben
durch unsern Ungehorsam keinen Theil an
Christo, und so sind wir blos dem Gesetz
der Natur unterworfen, und machen uns
der

der darauf gelegten ewigen Strafen
theilhaftig, wodurch denn unsere Pflichten
wieder zu absoluten Pflichten werden, und
wir sind dazu stärker als jemals verbunden.

Seyd ihr nun, meine Leser, noch auſſer
Chriſto; verlangt ihr keinen Theil an ihm
zu haben; so seyd ihr zur strengſten Haltung
des Naturgeſetzes (wie ich schon oben gesagt
habe) von euerer Geburt an, bis in eueren
Tod, ohne jemalen dagegen zu sündigen,
schuldig, und wenn ihr dieses alles gethan
hättet, so könntet ihr doch keine weitere Belohnung von Gott fordern, als eine ewige
Fortdauer eueres Daseyns, ohne Beschwerlichkeit dabey zu haben. Habt ihr ein Gesetz
übertreten, so seyd ihr straffällig, und wie
wollt ihr dafür büsen? Ihr könnt Gott
weiter nichts geben, als ihr habt, und alles,
was ihr habt, geht zur Haltung des Naturgesetzes hin; folglich bleibt ihr Gottes ewige
Schuldner. Gott iſt aber gerecht, folglich
muß er die Verabsäumung dieser Pflicht
ewig ſtrafen, denn ihr könnt ja nimmermehr
thun, als ihr schuldig seyd, folglich an
Gott in Ewigkeit keine Bezahlung leiſten
diese ewige Strafe wird genau nach der Gröſe
des Verbrechens abgemeſſen seyn. Wenn
es

es also in der Ewigkeit nicht noch ein Weg
zu Christo giebt, so ist die Unendlichkeit der
Strafen ganz gewiß. Wie jenes aber alsdann möglich seyn kann, wann Christus seinem Vater das Weltreich wieder überant-
wortet hat, und mit seiner erworbenen und
erlößten Menschenzahl sein höchst glückseeliges Königreich fortsetzt, das kann ich nicht
begreifen. Es ist entsetzlich gefährlich, Muth-
masungen auf die Anstalten Gottes in der
Ewigkeit zu machen. Ich meines Orts will
suchen, mit den ersten über den Jordan zu
kommen, und ich weiß gewiß, alle Menschen, alle Seeligen würden den ewigen
Vater nach tausend umgewälzten Aeonen
preisen, wenn er auch Anstalten zur Erlösung der Verdammten machen sollte. Ich
wünsch es, wenns aber nicht geschieht, so
muß ich doch Gott rechtfertigen, denn er hat
viele tausend Jahr ganz ohne Schuldigkeit
an der Besserung der Menschen gearbeitet,
warum haben sie seine Anstalten verworfen,
und endlich hoffe ich von seiner Barmherzig-
keit, er werde doch auch in den ewigen
Strafen nach der grösten Billigkeit zu Werk
gehen. Ihr sehet also, meine theuren Freunde! wie wichtig die Sache ist, die ich in diesem Traktätgen abhandele, und wie nöthig
es ist, sonderlich denen Deisten und Frey-

G   geistern,

geistern, daß sie augenblicklich ihre Besserung nach den Regeln des Naturgesetzes
auf das strengste zu halten anfangen? Was
bis dahin versäumt ist, verdient ewige
Strafe; ihr könnt sie euch aber erleichtern,
wenn ihr von nun an euere Schuldigkeit
thut; werdet ihr aber ferner meinem Rath folgen, so werdet ihr von der Wahrheit der christlichen Religion überzeugt, Christum im
Glauben ergreifen, und also nicht allein
der ewigen Strafe entgehen, sondern sogar
von euerem göttlichen Freund und Bruder
in seine euch bereitete seelige Wohnungen
übergeführet und ewig glückseelig gemacht
werden. Die Haltung seiner Gebote, die
das reinste Naturgesetz sind, wird euch sein
Geist, den er euch mittheilen wird, leicht
machen.

Wenn ein Mensch nun allen Fleis anwendet, das Naturgesetz zu halten, so wird
er finden, daß bey jeder Erfüllung eines
Stücks desselben, wie vorhin schon gesagt
worden, ein unbekanntes ruhiges Wohlthun,
ein Friede seine ganze Seele durchdringet,
welches das Zeugniß von der Zufriedenheit
des Gewissens ist. Wir befinden uns bey
diesem Genuß so wohl, und er ist dem Wesen unserer Seele so gemäß, daß wir alsofort

sofort erkennen, wir würden in unser an-
erschaffenes wahres Element kommen, wenn
wir nur das Gesetz halten könnten. Dieses
wollen wir die Gewissensruhe nennen, denn
es ist noch lange der Friede Gottes nicht,
der über alle Vernunft gehet.

Wenn aber ein Mensch sich von der
Sinnlichkeit überwinden läßt, so, daß er gegen das Gesetz der Natur in einem oder dem
andern Stück sündiget, so empfindet er einen
Seelenschmerz, eine Gewissensunruhe, die
ihm sehr beschwerlich ist. Beyde diese Empfindungen, Gewissensruhe und Gewissens-
unruhen, werden aber nicht eher empfunden,
als bis der Mensch von ganzem Herzen entschlossen ist, seiner Bestimmung zu folgen,
und das Naturgesetz zu halten, auch müssen
seine Handlungen aus dieser Absicht geschehen, sonsten bringen sie diese Würkungen
nicht so sonderlich merkbar hervor. Endlich sind auch dieselben im Anfang der Uebung nicht so stark, sondern sie wachsen,
jemehr man in derselben zunimmt.

Mit diesem Kämpfen gegen die Sinnlichkeit wird der Geist immer heiterer, er be-
ginnt ausgebreiteter zu werden, seine Kräfte
G 2 werden,

werden würkſamer, und er fängt an, ſich ken=
nen zu lernen. Ich ſetze aber voraus, daß
der Menſch treu und heldenmüthig anhalte,
und ſich durch ſeine Fehler ſo groß und ſo
viel ihrer auch ſeyn mögen, ſich nicht zurück=
halten und kaltſinnig machen laſſe, ſondern
fort und fort mit aller Macht arbeite, und
ſeine Beſſerung befördere. So wie nun der
Geiſt ſich der Sinnlichkeit entringt, freyer
und in ſich ſelbſt aufgeklärter wird, ſo ſieht
er auch immer klärer ein, alles, was in
ſeinem Würkungskreiſe vorgeht; ſeine aufge=
heiterte Vernunft ſchließt viel feiner, und
ihre Schlüſſe ſind dem Gemüth empfindſamer;
das iſt: ihre Wahrheit wird fühlbarer. Da
fängt denn an folgende Einſicht in unſerm
Zuſtande ganz mathematiſch gewiß zu wer=
den, daß bis an den Zeitpunkt unſerer Um=
kehr, unſers Vorſatzes zur Beſſerung, alle
unſere Seelenkräfte unter der Herrſchaft der
Sinnlichkeit gefangen gelegen; daß wir wäh=
rend all der Zeit, die wir von unſerer Ge=
burt an, bis dahin durchlebt haben, immer
gegen unſere Beſtimmung gehandelt, mithin
beſtändig gegen Gott geſündigt haben; daß
wir alſo einem ſchlechten Schickſal nach un=
ſerm Tod entgegen eilen; denn die Seele
fängt nun an, ſich unſterblich zu fühlen, ſie
empfindet, daß ſie ewig ſeyn wird. Dieſes
alles

alles sind Aufschlüsse des Gewiffens, wel=
ches nach dem Verhältniß, wie die Geistes=
kräfte aufgeheiterter werden, auch würkfa=
mer wird. Nun fängt der Mensch an, ban=
ge zu werden, er bereut sein geführtes Leben,
und nun faßt er tausend Vorsätze, aufs aller=
strengste der Tugend nachzujagen, und nicht
mehr zu sündigen; er thut Gelübde, seiner
Bestimmung und Besserung treu zu bleiben.
Um diese Zeit fangen auch andere Menschen
an, unsere Veränderung zu merken, mit=
hin uns zu verlachen oder zu bedauren. Nun ist
man hypochondrisch, oder was man dem
Ding vor einen Namen giebt; man kehrt
sich aber daran nicht, sondern der veränder=
te Mensch, der mit seiner Besserung beschäf=
tigt ist, sieht wohl, daß er ganz gewiß auf
dem rechten Weg ist.

Weil nun das Gewiffen immer reiner
und würkfamer wird, so werden auch der
Pflichten mehr, da werden nun auch vor
und nach die geringsten Lüste, sinnliche Be=
gierden und Gedanken zur Uebertretung des
Naturgesetzes, wie sie es auch würklich sind.
Der Mensch fängt also nunmehr an, auf
alle seine Gedanken, auf alle, auch die ge=

G 3 ringste

ringſte Regungen der Seele Acht zu geben,
um gegen dasjenige, was dem Naturgeſetz
zuwider iſt, zu kämpfen, und es in der Geburt zu erſticken. Dieſe Uebung iſt aber,
ſonderlich im Anfang, entſetzlich ſchwer, man
vergißt, alle Augenblick Acht zu geben auf
das, was man denkt, und was die Einbildungskraft würkt. Allein in dieſem Stück muß man
treu ſeyn, und dieſe ſtrenge Wachſamkeit
auf ſich ſelbſt fleißig üben, denn ſie iſt das
allerwürkſamſte Mittel, zum Zweck zu kommen. Man kann hier keinen Enthuſiasmus
befürchten. Sollte das wohl Enthuſiasmus
ſeyn, wenn ich alle meine Gedanken und
Regungen meines Herzens ſogleich bey ihrer
Geburt vor dem Richterſtuhl der Vernunft
beurtheile, ſie erwehle oder verwerfe? ——
Allein nichts iſt dem ſinnlichen Freygeiſt
zu ſeiner Beruhigung bequemer, als alles
dem Enthuſiasmus zuzuſchreiben, was ihn
in ſeinem träumenden Morgenſchlummer
ſtören will.

Dieſe Uebung iſt bey der Menſchenverbeſſerung das allerbeſte Mittel und muß auch
im Chriſtenthum immerfort geübt werden,
denn dadurch erſtickt man die Sünde in ihrer Geburt ehe ſie uns durch ihre Reize zu
ſtark wird.

So-

Sobald sich nun ein Mensch in diese Aufmerksamkeit begeben hat, so vermindert sich
die Traurigkeit über seinen Zustand ein wenig, er bekommt nunmehro Muth, und
hofft durch dieses Mittel zum Zweck zu
kommen; allein dadurch wird der Geist
noch ruhiger und heiterer, alle Seelenkräfte
würken fast ungehindert fort, und das Gewissen entdeckt den ganzen Greuel der menschlichen Verdorbenheit. Um diese Zeit fängt
der Mensch an, einer Empfindung gewahr zu
werden, die ihm ganz neu ist. Man fühlt
zuweilen eine Neigung, sonderlich, wenn
man allein ist, und durch nichts gestört wird;
oder auch, wenn man eine Zeitlang treu in
der Aufmerksamkeit auf sich selbst gewesen,
oder eine große sinnliche Lust überwunden
hat, sich nieder in den Staub zu legen, und
anzubethen, man mögte in die unterste Oer-
ter der Erde kriechen, ins Dunkle, um sich
zu verstecken. Prüft sich nun der Mensch,
giebt er auf die Würkungen seines Geistes
Acht, so findet er gar nichts, seine Vernunft weis von nichts, die Einbildungskraft
noch weniger, und im Gemüthe spürt man
nur diese Neigung, eine unaussprechlich ehr-
erbietige Empfindung, ein Trieb zum Anbethen, der über alles ist. Dieses Gefühl dau-
ret selten lang, kommt aber gemeiniglich wie-

G 4　　　　der,

der, wenn der Mensch in der Aufmerksamkeit auf sich selbst besonders treu, und übrigens in Befolgung des strengsten Naturgesetzes, unverdrossen ist. Ich kann diese obige sonderbare Empfindung nicht anders begreifen, als daß es das Gefühl der Seele von der überall gegenwärtigen Gottheit seyn muß, welches wohl möglich ist, wenn das Gemüth von sinnlichen Dingen sich mehr und mehr entfernt. Denn warum sollte ein Geist den andern nicht empfinden können, wenn sich die Scheidewand, die zwischen beyden war, zu verlieren anfängt. Ja er ists, der Vater der Natur, die Seele empfindet ihn, aber gut ists, daß sie ihn durch ihre Augen der Einbildungskraft nicht erblickt, sie würde, wie Adramelech, sich tausendmal vernichtigen wollen, und nicht können, sie würde in der Hölle seyn, schon diese obige schwache Empfindung, ein bloses Gefühl von der Gottheit macht den Menschen so klein, daß er sich gern in einen Maulwurfshaufen verkriechen möchte, wenn er nur könnte.

Wenn diese Nähe der Gottheit bey fernerer unermüdeter Uebung in der Aufmerksamkeit auf uns selbst, und Haltung des Gesetzes, immer stärker wahrgenommen wird,

wird, so geråth der Mensch ins Bethen,
es steigen von Zeit zu Zeit tiefe Seufzer
aus dem Innersten der Seele zur Gottheit
auf, Seufzer, wie eines Gefangenen um
Errettung. Hier gilt nun, was **Christus**
sagt: **Es kann niemand zu mir kommen, es sey denn/ daß ihn ziehe der
Vater/ der mich gesandt hat.** Und
endlich fångt an, ein neues Licht in der Seelen aufzugehen; von diesem aber muß ich
nun gründlicher reden.

Wenn sich der Mensch in Haltung des
Gesetzes mit aller Treue übt, so wird er
gewahr, daß es ihm ganz unmöglich sey,
dasselbe nach der göttlichen Forderung zu halten, er mag auf alle Gedanken und Gemüths-
bewegungen Acht haben, so streng er will,
er wird doch täglich fehlen, täglich irren,
und täglich von der Sinnlichkeit überwunden
werden. Doch gewinnt er immer etwas über
sich selbst, wird doch allmählig unvermerkt
besser, und kommt der Gottheit näher; allein je näher, je mehr Angst, je mehr Reue
über begangene Fehler, und endlich, wenn
das Gebeth hinzukommt, und den Menschen
noch mehr zu Gott erhebt, so fühlt man in
Wahrheit, daß er ein verzehrendes Feuer
ist, man kann nicht wieder zurückfallen.

G 5   Denn

Denn man erkennt nun unwiderfprechlich
gewiß, daß eine ewige Verdammniß auf uns
wartet, wenn wir nicht andere Menfchen
werden. Gehen wir aber weiter, nähern
wir uns der Gottheit, fo können wir ohne
unausfprechliche Angſt nicht weiter kommen.
Nun beten wir, die Seele ruft immer fort
aus der Tiefe des Herzens: Herr! gehe nicht
ins Gericht mit mir! Herr, fey gnädig!
Herr fey barmherzig! Allein das Gewiſſen
rügt immer nach der Wahrheit, es ſpricht
immerfort das entſetzliche Urtheil: **Ich
hätte müſſen das Geſetz halten, allein
ich habs nicht gethan, folglich ewige
Pein verdient.** Nun iſt es Zeit, daß ſich
der barmherzige Samariter einfinde, den der
arme Freygeiſt fo lang bezweifelt hat, ehmals
konnt er nicht reimen, was von Erlöſung
durch Chriſtum gefagt und gelehrt wurde,
es war ihm eine Thorheit. Aber jetzt, da
das Gewiſſen in der Vernunft Gericht hält,
und faſt alles am Menſchen ſtrafbar wird;
Gott ſelber, deſſen Zorn die Seele nun nahe fühlt, wie einer der des Nachts auf dem
Schiffe auf der wilden See erwacht, die in
die Ohren gellende nahe Brandung der Wel-
len an graufamen Felfen hört, mit feinem
Schiff in der Höhe und im Abgrund fchwe-
bet, und alle Augenblicke zu fcheitern erwartet,

wartet, iſt dem menſchen fürchterlich, und
ein verzehrendes Feuer. Nun iſt ihm die
Erlöſung durch Chriſtum ſüß, und mehr,
als moraliſche Beſſerung.

Aber wieder auf das neue Licht zu kom=
men, von dem ich oben ſagte: wir entdecken
in dieſen fürchterlichen Umſtänden endlich
eine neue Empſindung im Gemüthe, die mit
dem Gefühl der nahen Gottheit genau verei=
nigt iſt, die tiefe Ehrfurcht vor dem anbe=
tungswürdigen bleibt; ſie wird noch immer
ſtärker, aber an ſtatt der Angſt und ſchreck=
lichen Furcht vor Gott, findet ſich ein zu=
verſichtliches Zutrauen zum Vater der Men=
ſchen ein, die Zerknirſchung und die Empfind=
ſamkeit des Herzens wird unendlich, das
Rufen aus dem innerſten Grund der See=
le, Vater, Abba lieber Vater! erbarm
dich mein! iſt unaufhörlich, und ſo entſtehet
vor und nach ein Gefühl der Wahrheit von
Chriſto; die Vernunft, die die höchſte
Wahrſcheinlichkeit der evangeliſchen Hiſtorie
weiß, und davon überzeugt iſt, ſtimmt zu,
alle Sprüche und Reden Chriſti und ſeiner
Apoſtel werden nun von unſerm Geiſte als
unwiderſprechlich treffend gefunden, und
in dem Gefühl der nahen Gottheit kommt
ihm im neuen Teſtament alles ſo erhaben und
ſo

göttlich vor, daß es ihm in der Seele wehe
thut, wenn er die elende Stümpereyen der
heutigen Kriticker darüber liest und hört,
alles ist ihm nun in den heiligen Schriften
unendlich wichtig, und er fühlt überall darinnen den lebenden und webenden Geist Gottes; die Vernunft stimmt diesen Empfindungen bey, denn sie findet bey schärfster Prüfung nichts gegen die Wahrheit, aber unendlich vieles, das ihr zu hoch ist. Jeden Augenblick, den er auf die Aufmerksamkeit auf
sich selbst verwendet, wird ihm Zeit des Ge-
bets, und endlich durchdringt das Gefühl
der Gottheit seine ganze Seele, sie empfindet in allen ihren Kräften den versöhnten
Gott. Christi Worte zu jenem Kranken:
Dir sind deine Sünden vergeben! sind
wie ein Herzensstich, der durch Mark und
Bein dringet, und der Mensch wird nun
unaussprechlich gewiß, daß ihn Christus bey
dem Vater versöhnt habe, und daß er nun
seinem Erlöser zu Erb- und Eigenthum verfallen sey.

Hiebey lernt der Mensch die unermeßli-
che Liebe Gottes in Christo einsehen. Die
Liebe des theuersten Gottmenschen zerknirscht
ihn dergestalt, daß er tausendmal den Tod wieder für ihn leiden möchte, besonders, wenn ihm
ein-

einfällt, daß er in seinem vorigen Zustande
diesen seinen Fleisch gewordenen Gott ver-
höhnet und gering geachtet.

Mit dieser Liebe zu Gott und Christo erfüllt der göttliche Friede den ganzen Menschen; und nun fängt der Geist, der vom
Vater und Sohn ausgehet, auf die Seelenkräfte durchs geschriebene Wort zu würken.
Der Kampf gegen die Sinnlichkeit wird nun
mit Lust fortgesetzt, und so entsteht die soge-
nannte neue Kreatur, oder der neue
Mensch.

Dieses, meine Leser! ist die ganz gewisse
und unfehlbare Kur des Religionszweifels,
auf keine andere Art kann dem Uebel abge-
holfen werden. Nichts anders überzeuge
die Vernunft und die Empfindungen, als
die gründliche Erfahrung. Allein, ich habe
noch ein und anders nachzuhohlen, das zu
diesem Abschnitt gehört.

Der Weg zu Christo, den ich hier der
Länge nach beschrieben habe, ist der einzige,
und auch bey Christen eben derselbige, nur
mit dem Unterschied: Ein Christ glaubt die
Wahr-

Wahrheiten seiner Religion historisch; daher, wenn er einen festen Vorsatz faßt, ein
besserer Mensch zu werden, so lehrt ihn schon
seine Religion, daß er müsse sein Elend und seine
Verdorbenheit erkennen lernen. Er weiß also,
daß dieses vorerst nöthig ist, daher bethet er sogleich ernstlich zum Erlöser, daß er ihm möge zu
erkennen geben, daß er einen Erlöser nöthig
habe, sein Gebeth wird, wenn es ernstlich
ist, und wenn er darinn ausharret, endlich
erhöret, er wird erleuchtet, sieht seine Verdorbenheit ein, wendet sich zu Christo, und
so wird ihm geholfen. Doch dieses ist in
Ansehung der Zeit und Umstände, je nach
der Beschaffenheit eines Menschen, seiner
Sinnlichkeit, seiner Leichtsinnigkeit oder un-
zähligen andern Umständen mehr, sehr ver-
schieden: Einem wirds schwerer, dem andern
leichter; einer ist in diesem Stand länger,
der andere kürzer. Unterdessen bleibt die
Ordnung und die Grade der Menschenverbesserung immer einerley, und wer aufmerksam ist, wird mit Erstaunen erkennen lernen,
wie genau die Anstalten Gottes den tiefsten
psychologischen Regeln und der wahren Natur der Seelen, zu ihrer Vervollkommnung
angemessen seyn.

Ein

Ein Freygeiſt aber, der redlich und von
ganzem Herzen wünſcht, die gewiſſe Wahrheit zu erkennen, der muß dieſen ſchweren
Weg wandeln; denn er muß durch die Erfahrung lernen, daß es unmöglich ſey, ohne Chriſtum zum Zweck ſeines Daſeyns zu
kommen. Ich darf mich erkühnen; folgen-
des Axiom feſt zu ſetzen.

Ein Zweifler, der dieſes Buch mit
Ernſt und Nachdenken durchlieſt,
und dann dieſen darinnen vorgeſchrie-
benen Weg nicht einſchlagen will, der
zeigt klar, daß er nicht aus Liebe zur
Wahrheit zweifle, ſondern, daß ihm
ſein Naturleben beſſer gefalle, und er
alſo lieber ſein trauriges Schickſal ab-
warten will. Nun darf ein ſolcher
ſich auch dann nicht mehr über Ungewisheit beſchweren.

Ein jeder denkender Leſer, der bis daher
alles, was ich geſagt habe, mit Aufmerkſam-
keit durchgedacht hat, wird finden, daß dieſe meine Anweiſung zur Verbeſſerung des
Menſchen, mithin zu ſeiner bleibenden
Glückſeeligkeit, gar genau mit der menſchlichen Natur übereinſtimme, und der Seele ganz angemeſſen ſey, nichts unvernünftig,
nichts

nichts enthusiastisch, sondern alles reiner,
wahrer und psychologischer Gang der würkenden Seelenkräfte, und mitwürkenden
Gottheit. Aber nichts legitimirt die heilige
Schrift, so wie sie da ist, ins Ganze und Einzelne genommen, mehr, als diese Erfahrungen; alles sympatisirt mit der Lehre Christi
und seiner Apostel, und diese ganz genau
mit der Haushaltung Gottes im alten Bunde
und den Weissagungen der Propheten. Alles
predigte von Anfang der Welt bis auf
Christum Buße, μετανοια, Herzensveränderung, Uebergang aus der Herrschaft, der
Sinnlichkeit zur Herrschaft des Naturgesetzes.
Christus selber konnte vor der Vollendung
seiner Erlösung nichts anders thun, als
Herzensveränderung predigen. Er lehrte
den Kern des Naturgesetzes, befahl, ihn zu
halten, und an ihn zu glauben, versiegelte
dieses alles mit Wundern, so daß derjenige, der sie sah, und nur ein Freund der
Wahrheit war, sagen mußte: Dieser ist ein
Lehrer der Menschen von Gott gesandt, niemand kann solche Thaten thun, als Gott.
Folglich muß er Gott seyn, oder Gott son-
derbar durch ihn würken. Er sagt uns:
Ich und der Vater sind eins, wer mich siehet, der siehet den Vater. Das kann nicht
Unwahrheit seyn, denn Gott würde einem
Lügner,

Lügner einem Berrüger seine Lügen nicht
mit solchen göttlichen Thaten bekräftigen.
Folglich dieser Jesus ist Gottes Sohn, er
ist der Erlöser der Menschen, ich muß ihm
also glauben. Seht! so dachte zur Zeit
Christi der jüdische Wahrheitsfreund, und
so denkt noch derjenige, der sich in Haltung
des Gesetzes ermüdet hat und nun keinen
Rath und Hülfe mehr weiß. Denen, die
diese letztere Seelengestalt hatten, rief er zu,
und thuts noch: Kommt her, alle, die ihr
mühseelig und beladen seyd, ich will euch
erquicken! Diese Mühseeligkeit, diese Zer-
arbeitung im Gesetz und Wiederkehr zu Gott,
mit einem Wort, die Buße heißt auch mit
einem andern Wort, der Zug des Vaters
zum Sohne. Es kann niemand zu mir
kommen, es sey denn, daß ihn ziehe
der Vater: sagt Christus. Sollte aber jemand in der Haltung des Naturgesetzes sich
anfangen zu beruhigen, und in den Wahn
verfallen: er thue seine Schuldigkeit, habe
also Christum nicht nöthig; so wirds ihm
gehen, wie jenem reichen Jüngling, der
hatte alles gehalten, von seiner Jugend auf.
Was fehlt mir noch? Er dachte: Christus
wird dir doch nichts nennen können, daß du
nicht schon alles gethan habest.

H   Allein,

Allein, der Erlöser kannte die Forderung des Naturgesetzes besser. Er trug ihm auf: Alles, was er habe, zu verkaufen, den Armen zu geben, und ihm nachzufolgen. Denn es war doch nun bald im jüdischen Lande kein Besitz mehr zu hoffen, und der Glaube an Christum würde ihm alle Nothdurft verschafft haben.

Die Empfindung zu Ende der Buße, daß die Gottheit versöhnt sey durch Christum, ist der **wahre Glaube,** der mit der **Vergebung der Sünden** anfängt, zuweilen wächst, aber auch wohl wieder klein wird, auch im Verborgenen wieder zunimmt. Gleich auf die Vergebung der Sünden folgt **die Rechtfertigung,** welche wir in der Seele empfinden, in dem Frieden und in der Liebe zu Gott und Christo. Denn diese können nicht anders entstehen, als durch die verborgene Versicherung, daß wir im Gerichte Gottes von unsrer Schuld frey gesprochen worden. Wenn nun der Geist Jesu Christi durch die **Gnade** sich mit der Seele vereinigt, so entsteht die **Wiedergeburt,** und der Wachsthum des neuen Menschen ist sodann die **Heiligung.**

Diese Terminologie wollte ich deswegen anhängen, damit ein Religionszweifler sehen mögte, daß es keine leere Töne, sondern
Wahr-

Wahrheiten sind; die rechtschaffene Gottes=
gelehrten nach der Offenbarung und Erfah=
rung der Kürze wegen ausgedacht und ge=
braucht haben.

Ich fühle noch immer zween wichtige
Steine des Anstossens, die dem Religions=
zweifler, der bis dahin gelesen hat, noch im=
mer im Wege sind. Er wird sagen: Ja al=
les, was ihr uns da gesagt habt, ist gut. Allein
erstlich ist mir noch immer unbegreiflich, daß
Gott, der die Liebe ist, nicht besser für
das menschliche Geschlecht gesorgt, und die
christliche Religion nur an einen so kleinen
Theil der Menschheit sollte offenbart haben.
Und dann kommt uns der Weg, den sie uns da
vorgeschlagen haben, sonderlich gegen das En=
de ganz enthusiastisch vor, es lautet alles, so
schwärmerisch, es ist uns zu gefährlich, zu fol=
gen. Ich will euch auf beydes gründlich ant=
worten. Was das erste betrift, das ist schon zum
Theil in der Einleitung beantwortet worden,
man merke noch dieses: Soll Gott den Men=
schen Christum aufdringen, ihnen, die er zu ver=
nünftigen Geschöpfen gemacht hat? Genug, die=
se Anstalt ist an die Menschen offenbart. Ha=
ben sie dieselben nicht durch die ganze Welt be=
kannt werden lassen, sondern sie gehindert, dar=
an ist Gott keine Schuld. Und dann, wo wis=
sen wir, ob nicht ein rechtschaffner Huron,

Iro=

Irokese oder Otahitaner, wenn er in Beob=
achtung seiner Pflichten treu ist, eben den
versöhnten Gott durch Christum finden wird,
auch dunkel erkennen lernt, das Gott durch
eine oder andere Art versöhnt worden, auch
an den Versöhner glaubt, ob er schon nicht
davon reden kann, keine Worte und Begrif=
fe davon hat, das alles aber doch empfindet,
und wenn er dieser Empfindung treu bleibt,
endlich mit unaussprechlicher Freude seinen
unbekannten Bruder, der ihn erlöst hat,
und König der Welt ist, in jenem Leben
entdecken und kennen lernen wird? Laßt uns
Gott nur die Welt regieren lassen, und uns
nicht darum bekümmern. Es wird denen zu
Tyro und Sydon, Amerikanern, Insula=
nern, Indianern, Hottentotten, Kamscha=
daliern, Zemblanern, Mohren und Negern
weit erträglicher gehen am Tage des Gerichts,
als denen, die Christum, es sey mit Worten
oder mit Werken verläugnen, da ihnen sein
Licht hell in die Augen scheint, und doch nicht
sehen wollen. Laßt uns nur thun, was wir
thun sollen, wir, denen der Herr so vieles an=
vertraut hat, vieles wird er auch von uns for=
dern, wenn er kommen wird. Er bleibt lang
aus, allein, ob er verzieht, so wird er doch
unvermutheter kommen. Ich warte im
Glauben auf die Erscheinung Christi, der
mein

mein Herr und mein Gott ist! Und hätt ich
geirrt, das in diesem Fall nicht möglich ist, so
will ich nach meiner Ueberkunft in die Ewigkeit
mich nach ihm umsehen, und werd ich ihn nicht
finden, so find ich doch den Vater der Menschen. Er wird mich belohnen, denn ich habe
gesucht nach meiner Erkenntniß vollkommner
zu werden, ich bin ihm bis in den Tod treu
gewesen, dann wird er mir Gnade zuwinken.
Aber gewiß, ich werde ihn finden, meinen Hey-
land, zu seinen Füsen anbethen, ich werde ihn
an seiner verklärten Menschheit, an seinen
Wundenmahlen kennen, und vor Wonne
und unaussprechlicher Freude außer mir selbst
seyn. Freunde! ein Tag, ein Jahr geht nach
dem andern hin, der große entscheidende Zeitpunkt wird bald kommen!

Der zweite Einwurf, die Furcht vor dem
Enthusiasmus ist nun noch übrig, ihr fürchtet
ihn da, wo es euere Besserung betrift, im
übrigen aber gesteht ihr, er mache euch glücklich. — Was ist Enthusiasmus? — Werdet
doch einmal nüchtern! Kann eine Liebe zu Gott,
zu Christo übertrieben, das ist, enthusiastisch
genennt werden? — Gesegnet sey mir der
Enthusiasmus! Oder ist euch bange, ihr sollet
irren, das Falsche für wahr, und das Wahre
für falsch erkennen; und also in Enthusiasmus für ein Scheinding, ein Unding verfal-

H 3 len,

sen, mithin eure edle Lebenszeit vergeblich ver=
säumen. Hierauf antworte ich, und wer ge=
gen diese Antwort noch etwas einwenden kann,
mit dem ist kein Reden mehr.

Wir haben das Naturgesetz vor uns,
wir haben die höchste Moral vor uns,
alle Empfindungen, die uns dazu ver=
helfen, daß wir derselben gemäß leben,
und uns also dem Ziel der menschlichen
Vollkommenheit, der Gottähnlichkeit
näher bringen, die uns diesen Weg leich=
ter machen, oder uns nähere Wahrhei=
ten davon entdecken: Alle diese Empfin=
dungen und Kräfte sind göttlich, sind
heilig, ich bin bey Verlust meiner See=
ligkeit daran gebunden. Nennt ihrs
Enthusiasmus, so muß ich sagen: Ge=
seegnet sey mir der Enthusiasmus! —
Nun antwortet! sind denn alle Mittel, die
ich in diesem Abschnitt angegeben habe, nicht
alle miteinander vernünftig und wahrschein=
lich? —

Gebt Gott die Ehre, gestehet die Wahr=
heit, und küsset den Sohn, daß er nicht
zürne!

Wür=

Würkungen
der
Glaubenskur.

Die Frucht des Geistes ist: Liebe, Freude,
Friede, Grosmuth, Wohlthätigkeit, Güte,
Glaube, Sanftmuth, Enthaltung· Gegen
Leute von solcher Art ist kein Gesetz. Die
Christo angehören, haben das Fleisch sammt
den Leidenschaften und Begierden gekreuzigt.

Paulus B. an die Galat.
C. 5. v. 22:24.

BRITISH
16 NO 85
MUSEUM

Dritter Abschnitt

Würkungen der Glaubenskur.

Wir haben nun den Menschen bis dahin gebracht, wo nunmehro der Geist Jesu Christi mitwürkt, und denen Seelenkräften im Kampf gegen die Sinnlichkeit beysteht. Vor dieser Veränderung kämpfte die Kraft des Menschen gegen sich selbst, sie konnte sich also nicht selbst überwinden, weil sie nicht stärker seyn konnte, als sie selbst ist; aber nun, da die Gnade mitwürkt, ist der Streit, mithin die Ueberwindung leichter. Wir wollen unsern Weg verfolgen, und die Würkungen dieser neuen Seelenbeschaffenheit mit flüchtigem Blick übersehen. Diese Würkungen müssen betrachtet werden:

1tens Auf den Menschen selbst und seine Seelenkräfte.

2tens Auf seinen äussern Würkungskreis, das ist, auf sein Thun und Lassen.

G 5   Die

Die Empfindung der nahen und versöhnten Gottheit hat bey dem veränderten
Menschen eine solche Macht auf sein Herz,
daß dasselbe ein ganz anderes Gefühl von
dem Wahren, Guten, und Schönen be-
kömmt, als es vorhin hatte. Ueberall, wo
Arbeit und Bewegung ist, empfindet es den
nahen beständig fortwirkenden Gott in der
ganzen Natur, wie er die ganze Schöpfung,
so weit sie unsere Sinnen und Verstand erreichen können, immerfort zum Wohl seiner
Geschöpfe weislich, unendlich weislich regiert,
das Böse nicht immer ausrilgt, aber doch
allezeit seines Endzwecks verfehlen macht.
Wir finden diesen überall nahen mächtig herr-
schenden Gott als versöhnt, als unsern Vater, und daher sehen wir überall keine Gefahr, wir wissen, daß er uns bewahrt, so
daß wir keinen Fuß ohne seinen Willen an
einen Stein stoßen können, daß kein Haar
ohne seinen Willen auf die Erde falle,
und verlohren werde, daß wir in ihm leben,
weben und bestehen. Alles dieses sind nicht
blos Ueberzeugungen der Vernunft, sondern
lebendige erfahrungsvolle Wahrheiten.

Dieses Gefühl dessen, was in jedem
einzeln göttlich wahr ist, verbreitet sich auf
alle

alle Gegenstände, alles sehen wir in Gott
an und unterscheiden den Charakter des Göttlichen von dem Ungöttlichen, und das Wahre von dem Falschen.

Das Gute wird eben so empfunden.
Der Christ findet überall, wo göttliche Wür-
kung, Geschäfte seines Gottes ist, wahre
Güte, er weiß, daß alles, was er macht,
gut ist, wo aber Menschen arbeiten, Stück-
werk, Schwäche, und Bosartigkeit weber.
Und eben die Bewandniß hat es mit dem
Schönen. Schönheit ist der Seelen Näh-
rung, sinnliche Schönheiten empfindet sie
im sinnlichen Zustand als wahre Schönheiten; aber nun ist ihr nichts mehr schön, als
die Gottheit, und ihre unverdorbene Werke,
da nemlich, wo die Liebe, Güte, und Wahrheit Gottes darinnen charakterisirt ist. Das
sinnliche Schöne betrachtet der Christ aus
eben diesem Gesichtspunkt. Alles wird böß,
garstig, heßlich, was nicht Abdruck und
Bild der Gottheit ist, und was nicht
die Seelenkräfte verbessert und Gott ähnlich
macht. In allem verherrlicht er Gott, es
sey, was es wolle, sinnlich oder geistig, und
alles muß ihm zur Lehre und Besserung dienen. Das Ebenmaaß, der Wohlklang der
ganzen Kreatur. Alle wohlgestimmte Say-
ten

ren der Sphärenmusick empfindet er, die ganze Natur lobet Gott; aber er hört ihr Lob,
er ist Virtuos in ihrem Concert. Er sucht
überall die schwerste und unangenehmste Dis-
sonanzen in Harmonie aufzulösen, und wo
es ihm zu sauer wird, da freut er sich aufs
große Abendmahl, wo er mit den Vätern
der Vorwelt, die Gott fürchteten, wird zu
Tische sitzen, wo der menschenliebende König
ihn an der Hand fassen und zu ihm sagen
wird: Ey du frommer, du getreuer
Knecht! du warst im Kleinen redlich,
nun soll dir viel anvertrauet werden.
Gehe ein zur Freude deines Herrn! —

Aber hier hat die geänderte Empfindungs-
kraft, in Absicht auf den Menschen selbst,
noch nicht ihre Grenzen; das zerbrochene,
zerschlagene und verwundete Herz ist nun
lauter Gefühl, lauter Empfindung. Eine
jede Beleidigung des versöhnten Gottes und
seines Erlösers, wär's auch nur ein bloßer
Gedanke, schmerzt ihn; er fühlt die Schlan-
genstiche immerfort, aber eben diese Schmer-
zen sind es, die ihn bessern, was vorhin im
Naturstand bloße Vernunftüberzeugung
im Gewissen war, das ist jetzt Gefühl, und
so viel härter, so viel empfindlicher. Das
malen

mals war's Furcht vor Strafe, jetzt aber
ists Empfindung der Beleidigung des Geliebten; jene trieb zur Haltung der Pflichten,
diese noch stärker, aber nicht aus Hoffnung
der Belohnung, sondern nur dem Geliebten
zu gefallen. Daher wächst Erfahrung aus
dieser Beständigkeit in der Liebe, und diese
wächst und erfüllt endlich die Schranken des
menschlichen Geistes, der zum Lieben gemacht ist; da ist nun der größte Schmerz
für den Geliebten wahre Seeligkeit. Die
seelige Frau de la Motte Guyon sagt irgends-
wo: Wenn ein wahrhaftig Gott liebender
Mensch könnte verdammt seyn, so würde
ihm die höllische Quaal Seeligkeit werden.
Und anderswo singt diese göttliche verliebte
Dame:

> Laß mich auf dem Rande des Ab-
> grunds wallen,
> Zerstöre mein Böses nach deinem
> Gefallen.
> Gerechtigkeit Gottes! vollende
> an mir,
> Und schlachte dein Opfer, vernich-
> ge mich hier.
> Ich freue mich himmlisch in Mar-
> tern und Leiden.

Man

Man senge, man brenne! ich singe
　　vor Freuden:
O Liebe! wenn du wirst durch Op=
　　fer genähret,
So laß mich durch deine Glut wer=
　　den verzehret.

Vielleicht wird hier einer oder der an=
dere hochvernünftige Philosoph sagen: Das
war wieder eine hysterische Frau, die ihre
fleischliche Liebe auf ihren Erlöser platonisirt
hatte. Und wenn das wäre! so muß ich
doch immer sagen: Gesegnet sey mir ein sol=
cher Platonismus und Enthusiasmus! —
Hier in diesem Fall nimmt man übertriebe=
bene Empfindungen übel, in tausend andern
Fällen nicht. Und doch kann die Liebe zu
einem unendlichen Gut nie übertrieben wer=
den; und Gott wirds nie einem Menschen
übel nehmen, wenn eins seiner Kinder auch
Thorheiten aus Liebe zu ihm begienge, wenn
sie nur weder einem noch dem andern an sei=
ner Besserung schaden können.

Ich befürchte niemalen, daß der Enthu=
siasmus zu Gott, und in seinem Dienst zu
groß werde, er wird Besserung meines Her=
zens hervorbringen, und mich großmüthig
　　machen,

machen, alle widrige Schickſale meines Le=
bens freudig durchzuwandeln und auszu=
halten.

Noch ein Gefühl des Herzens, welches
mit dem vorigen genau verwandt iſt, wür=
ket auf den begnadigten Menſchen, es iſt ei=
ne Empfindung eigener Schwäche, und ei=
gener Verdorbenheit. Dieſe entſteht nicht
allein aus dem Geſicht und Bemerkung der
unendlich vielen Fehler, die wir immerfort
begehen, ſondern aus dem Vergleich Gottes
mit dem menſchlichen Geiſt. Gott wird von
dem Menſchen nahe empfunden, alle ſeine
unendliche Tugenden empfindet unſere See=
le, wird davon in Erſtaunen geſetzt. Sie
ſiehet über dieſes göttliche Meer hin, und
ſiehet kein Ende, lauter Gott, wo ſie ihre
Augen hinwendet; ſie wirft alsdann einen
Blick auf ſich ſelbſt, und findet, daß ſie
nichts iſt; ſie kommt ſich ſelbſt geringſchätzig
vor. Wo iſts doch möglich, denkt ſie, daß
der Menſch, der Wurm einige Achtung vor
ſich ſelbſt haben kann! — Der Menſch,
deſſen Würkungskreis ſo unendlich enge
Schranken hat, und ſo wenig, als er auch
vermag, ſo bemüht er ſich doch mit allem
Fleiß ſeiner Beſtimmung entgegen zu arbei=
ten. Wenn ſie nun bedenkt, daß es Gott
doch

doch noch beliebt hat, für ihre ewige Glückseeligkeit zu sorgen, so zerschmelzt sie in Empfindung hin. Und dieses ist die wahre
Schönheit, die dem Erlöser gefällt, seine
Eingeweide brausen alsdann vor Liebe, und
er schenkt Fülle über Fülle aus der Schatz-
kammer seiner Gnade. Noch mehrere Arten von vortreflichen Empfindungen äussern
sich in dem geheilten Herzen, sie sind aber
eben so allgemein nicht, daher will ich nichts
davon sagen, und zu den Würkungen der
Gnade auf die Vernunft und Verstandeskräfte übergehen.

Die Zweifler, Deisten und Freygeister
thun uns groß Unrecht, wenn sie uns
Schuld geben: Wir verwürfen die Vernunft, lästerten dieselbe, und das darum,
damit wir desto mehr Anlaß finden möchten,
unsere Träume an den Mann zu bringen.
Nein! sie irren gröblich in diesem Stück,
und verstehen uns nicht. Die unbehutsa-
men Ausdrücke vieler christlichen Schriftstel-
ler, die dem Wort Vernunft einen andern
Verstand beygelegt haben, als demselben in
den Schulen gegeben wird, sind freylich
Schuld daran, und wenn sie sich darüber
erklären, so erhellet dieses ganz deutlich. Sie
ver-

verstehen durch die Vernunft die Eigenschaft
der Seele, vermög welcher sie aus Hunger nach Wahrheit sich Dinge selber zu beurtheilen untersteht, die außer ihren Schranken sind, oder wo sie Schlüsse macht auf
göttliche Dinge, deren Vordersätze sie nicht
fest stellen kann. Mit einem Wort: die
den Gottesgelehrten so verhaßte Vernunft
ist nichts anders, als die stolze Vermessen-
heit, alles zu beurtheilen, auch da, wo man
überzeugt ist, daß es uns zu hoch ist, und
wir nicht urtheilen können. Es ist also leicht
einzusehen, daß die vortreffliche Seelenkraft,
die wir im wahren Verstande die Vernunft
heissen, niemalen verworfen werden kann,
als von boshaften Menschen, und daß sie die
Gottesgelehrten eben so sehr zu schätzen wissen, und vielleicht noch mehr, als die Freygeister. Unsere Hauptsache ist nur, unsere
Seelenkräfte zu erhöhen und zu verbessern.
Wenn dieses nun geschehen soll, so müssen
wir ja zu allererst einsehen lernen, wie viel
in unserm Vermögen, in unsern Schranken
ist, was wir leisten und was wir nicht leisten können; wie ist es sonst möglich, an
unserer Besserung mitzuwürken? Nun hat
aber der menschliche Stolz vor und nach,
der Vernunft ein so weites Reich einge-
räumt, daß es freylich entsetzlich demüthi-

J   gend

gend iſt, wenn bey unpartheyiſcher Unterſuchung gefunden wird, daß ſie ein ſo kleines
Plätzgen im Reiche der Wahrheit eingenom-
men hat und beherrſcht. Wir müſſen aus
dem Reiche der Hypotheſen heraus geführt
werden, und hernach dasjenige, was unſere
wahre Glückſeeligkeit befördert, nach Anlei-
tung der Offenbarung und der Erfahrung
im göttlichen Wege einfältig glauben. Ue-
brigens aber, was innerhalb den Schranken unſerer Vernunft iſt, und die Wahrheiten, die wir durch ſie wiſſen können, die
dürfen wir zu entdecken ſuchen, in ſo weit
ſie zur Beförderung unſers Wohls zu dienen
im Stand ſind.

Mir fällt noch ein, daß auch die Vernunft im unbekehrten Zuſtande durch die Sinnlichkeit ſehr verfälſcht und verdorben worden,
ſo daß ſie ſehr viele Trugſchlüſſe zu machen
gewohnt iſt, die der Eigenliebe und den Lü-
ſten ſchmeicheln. Sie iſt alſo in dem Verſtand eine ſehr unſichere Führerin. Z. B.
es giebt jemand, der dem öffentlichen Gottes-
dienſte ſehr wenig oder gar nicht beywohnt,
zu Urſache an: Alles, was mir der Prediger ſagen kann, weiß ich ſchon, warum ſollt ich hingehen? Wer ſieht nicht,
daß dieſer ſcheinbare Vernunftſchluß falſch
iſt,

ist, sobald seine Vordersätze genauer untersucht werden. Der Hauptsatz, woraus diese Folgerung fließt, ist dieser: **Man ge=het nur darum in die Kirche, um et=was zu lernen, das man noch nicht weiß.** Dieses ist aber nicht allein die Ur=sache, es ist vielmehr die geringste, die Haupt=ursache des Kirchengehens ist neben obiger vornehmlich die, durch Singen, durch Ge=beth und Anhörung des Vortrags göttlicher Wahrheiten das Herz empfindsamer, den Geist ruhiger und heiterer zu machen; durch stille Feyer und Betrachtungen wöchentlich einmal, vornehmlich sich ganz von allem irr=dischen los zu machen, und der würkenden Gnade zur Besserung mehr Raum zu geben. Wer sieht aber auch zugleich nicht? daß die Sinnlichkeit die Vernunft auf sothane Wei=se übertäubt und überraßcht, weilen es sie eben ennuyirt, ein paar Stunden, geschwei=ge einen ganzen Tag ruhig dem Herrn zu feyern. Dieses Exempel hab ich nur darum aus vielen Tausenden herausgesucht, um klar zu beweisen, daß ein sinnlicher Mensch eben so wenig seiner Vernunft trauen könne, als ein wollüstiger, unbändiger und tyranni=scher Despote dem Rath seines Lieblings, es mag derselbe nun so weise seyn, als er will.

J 2 Weil

Weil bey einem wahren Christen die Empfindungen, die innern Gefühle des Herzens zugleich mit den äußern Sinnen auf die Vernunft würken, und sie daher anschauende Urtheile und sodann Schlüsse, die den Willen zu den Handlungen bestimmen, machen muß, so ist leicht einzusehen, besonders wenn man noch Rücksicht auf ihre Verdorbenheit hat, wie ungemein viel an der wahren Berichtigung und Reinigung der Vernunft gelegen sey. Ich will ihren verbesserten Zustand kurz beschreiben, so wird alles deutlich werden. Mit einem Wort: **Die Vernunft eines wahren Christen wird zu lauter Gewissen!!!**

In äusserlichen Dingen, die zu Wissenschaften und dergleichen gehören, richtet sich die Vernunft in Erforschung der Wahrheit nach gewissen psychologischen Gesetzen; der gemeine Mann thut dieses sowol als der Gelehrte. Diese Gesetze haben die Philosophen vernünftig aufgesucht, und sie in ein Lehrgebäude gebracht, daß wir die **Ontologie,** oder ins Ganze genommen, die **Metaphysik** heisen.

Eben

Eben solche Gesetze muß aber auch die Vernunft im Moralischen haben, sie muß in ihrem Thun und Lassen eben so wol eine Richtschnur haben, nach welcher sie den Willen bestimmen kann; und diese sind, wie auch obige in der Seele gegründet. Wir finden ihre Quelle im Gewissen. Wenn auch diese Regeln, wornach sich die Vernunft in Bestimmung des Willens zu richten hat, wissenschaftlich verfaßt und vorgetragen werden, so nennen wir dieses das **Naturgesetz**, oder man könnte auch die **metaphysische Moral** sagen. Diese Fakultät des Gewissens liegt noch immer unverdorben tief in der Natur der Seele begraben; allein die Vernunft durch die Sinnlichkeit übertäubt, ist so weit davon abgewichen, und so sehr gewohnt, den sinnlichen Reitzen die Stimme zu geben, daß es endlich fast nicht mehr möglich ist, die Richtschnur des Thuns und Lassens zu finden. Daher hat auch Gott dafür gesorgt, daß dieses heilige Naturgesetz immer schriftlich, sinnlich unter den Menschen mögte gefunden werden, damit sie nicht nöthig hätten, tief darnach zu suchen, oder sich gar mit der Unwissenheit zu entschuldigen. Die Geschichte des Naturgesetzes unter den Menschen, denen es besonders anvertraut worden, ist unsere Bibel. Christus der Erlö-

ser

ser der Welt hat es im reinsten Verstande
theoretisch und praktisch gelehret, und mit
seinem Blute versiegelt. Zeigt mir ein solches
Buch: Es schäme sich ein jeder, zu zweifeln,
obs Offenbarung sey! Die gesunde Vernunft approbirt es ganz gewiß, daß die Bibel die reinste Moral enthalte. Sind wir
denn nicht schuldig sie zur Richtschnur unsers
Lebens zu machen?

Wenn also die Vernunft von der auf
sie würkenden Sinnlichkeit los gemacht und
auf ihren wahren Stand isolirt ist, wie in
dem Christenthum geschehen muß, so kennt
sie ihre Grenzen ganz genau. Alle moralische Schlüsse, die sie nun macht, haben
ihre Prämissen in der tiefsten Wurzel des
Naturgesetzes, das ist, in der Offenbarung,
in der Lehre Christi und seiner Apostel. Daraus folgen also fruchtbare Bestimmungen des
Willens; sie schließt: mir dient es zur wahren Ruh, mehr nicht, als die Nothdurft zu
besitzen; zur Freude, dem Dürftigen von
dem, was ich nicht bedarf, Gutes zu thun,
dadurch sammle ich mir Schätze auf die Zukunft. Ich habe keinen großen Vorrath
nöthig; denn mein Vater im Himmel sorgt
für mich. Mein Leib bleibt gesund, und
mein

mein Geist munter und heiter, wenn ich
mäßig lebe, und die sinnlichen Lüste verläug-
ne. Ich schwäche dadurch die feindseeligen
Kräfte, die mich an meiner Besserung, an
meiner Glückseeligkeit hindern, und dadurch
bekomme ich Gelegenheit, dem Hungrigen
mein Brod zu brechen, den Durstigen zu
tränken, und den Nackenden zu kleiden;
und endlich führt mich die Heiterkeit des
Geistes zu hohen Betrachtungen, und ge-
währt mir wahre Erkenntnisse, die Einfluß
auf mein glückseeliges Leben haben können.
Ich verlange keine weltliche Ehre, sie ist
vergänglich und gefährlich. Die größte
Ehre ist der hohe Adel der Christen, sie sind
nach dem Innern aus göttlichen Saamen
gezeugt. Diese kurze Zeit des Lebens ist eine Zeit der Prüfung, ein illüstres Gymna-
sium, wo wir uns in unsern edlen Ritterspie-
len üben müssen, und uns zu einer andern
herrlichern Welt bequem machen. Ich kann
und will deswegen der verachteste seyn,
um desto besser zu lernen, und lernen
zu können Sehet! das sind Schlüsse, die die geheiligte Vernunft macht.
In wissenschaftlichen Dingen erkennt sie den
Vater aller Kräfte vor den Ursprung alles
Lebens und aller Bewegung, der zwar wieder nach bestimmten Naturgesetzen in der

J 4   Welt

Welt würkt, auch durch unzählige Unter-
kräfte würkt, doch schauen wir durch alles
hindurch auf den Allgegenwärtigen; und
wir wissen, daß es eben keine Wunder sind,
auch gar wohl mit in der Reihe der Dinge
bestehen könne, wann auch zuweilen etwas
einen andern Lauf nimmt, den Kindern Gottes zu dienen.

Der Wille ist endlich der Ausführer der
obern Seelenkräfte. vom Schöpfer im un-
verdorbenen Zustande blos der Vernunft
untergeordnet, das zu thun, was die Vernunft für das Beste erkennt. Nachhero
aber hat auch die Sinnlichkeit die Herrschaft
über denselben bekommen, so daß er die Lüste
vollbringt, die Vernunft und das Gewissen
mögen dazu sagen, was sie wollen.

Im geänderten wiedergebohrnen Menschen aber sind die Empfindungen aufs
Wahre, wesentliche Gute und Schöne ge-
stimmt. Gewissen und Vernunft sind vereinigt und alle streiten mit der Sinnlichkeit.
Daher wird die Expedition des Willens
wieder von den obern Seelenkräften ausge-
führet, und also handelt der Mensch wiederum nach der anerschaffenen Ordnung, folglich

lich breitet der Chrift Glückfeeligkeit um fich
aus, fo viel er kann. Es ift aber zu bemerken, daß ich von einem rechten wahren Chriften hier rede. Bey Anfängern geht diefes
alles ftrauchlend, fallend, auffftehend, und
fchwächlich zu. Ach! wie rar find aber folche edle Menfchen.

Ich hab nun kürzlich den innern Würkungskreis einer geänderten verbefferten Seele durchgegangen. Ich wende mich alfo nun
zum Thun und Laffen des Chriften; feine
Handlungen bezeichnen feinen Karakter, daran kann man ihn kennen lernen.

Ein Chrift weiß, daß die Worte ungemein vielen Einfluß auf das Moralifche anderer Menfchen haben. Daher redet er
nichts, als was vorher vor der geheiligten
Vernunft geprüft worden, obs nützlich,
wefentlich wahr, gut und fchön fey; folglich
redet er wenig, aber wichtig, und handelt
mehr. Chriftus fagt: Laffet euer Licht leuchten vor den Leuten, daß fie eure gute Werke fehen, und euern Vater im Himmel
preifen. Diefe Eigenfchaft trägt aber vieles
dazu bey, daß man anfangende, und auch
fchon ziemlich weit geförderte Chriften fo

J 5

leicht

leicht nicht entdeckt, denn sie reden wenig folglich bleiben sie gemeiniglich verborgen.

Ob nun gleich ein Chrift die Pflicht auf sich hat, sein Licht leuchten zu laffen, so hat er doch auch eine andere zu beobachten, welche diese immer mäßiget und ihr Schranken setzt. Alle seine Handlungen, neinlich, so bald sie eigene Ehre und Selbstdünkel hervor bringen können, so ist er schuldig, dieselbe so viel verborgen zu halten, als möglich ist, ohne jedoch der Glückseeligkeit des Nächsten zu schaden. Christus sahe dieses gründlich ein, daher gebot er beym Almosengeben und Fasten, die Verborgenheit vor den Menschen. Er selbsten gab uns davon ein Muster. Seine Wunder verrichtet er so viel heimlich und ohne Geräusch als möglich war. Was aber Handlungen sind, die vor den Menschen geschehen müssen, die sollen allezeit ein reiner und wahrer Abdruck des reinsten Naturgesetzes, folglich eine Nachfolge Christi seyn. Zum Exempel, alle solche Pflichten, die nur mich betreffen, meine eigne Glückseeligkeit befördern, die muß ich so viel geheim halten, als mir möglich ist, damit ich nicht stolz werde, und Gott die Ehre raube; denn durch deffen Gnade bin ich ja,

was

was ich bin. Alle Handlungen aber, die meines Nebenmenschen Glück befördern, müssen so viel offenbar werden, als zum Zweck nöthig ist, weiter aber nicht.

Die Christen haben aber noch etwas an sich, darüber die sinnliche Menschen oft spotten. Es wäre zu wünschen, daß sie darinnen mehr dem Exempel ihres Heilandes folgten; ich meine das Sauersehen, die Kopfhängerey. Dieses gewöhnen sich die mehresten an, zu der Zeit, wenn sie so viele innere Leiden und Kämpfe auszustehn haben, sie behalten zu sehr diese übele Gewohnheit hernachmals bey, und geben den Weltmenschen Anlaß zu spotten. Christus hat diesem Uebel schon vorgebeugt. Er befahl seinen Anhängern, daß sie nicht finster aussehen sollten, wenn sie fasteten, und sich in diesem Fall den Heuchlern nicht gleich stellen; und Paulus ermahnt und gebeut allezeit fröhlich zu seyn. Der rechtschaffene wahre Christ aber läßt sich nicht merken, auch wenn ihm innerlich die Wasser bis an die Seele gehen, er befleißigt sich einer gleichmüthigen und großmüthigen Munterkeit und Heiterkeit im Umgang mit andern Menschen. Besonders hat der Christ etwas
Karak-

Karakteriſtiſches in den Geſichtszügen, Heiterkeit und Ruhe iſt darinnen ausgezeichnet,
und ſo zeigt er ſich in allen ſeinen Handlungen.

Falſche Chriſten, oder auch gutmeynen-
de Menſchen, wenn ſie einmal zu einer gewiſſen Zeit recht ernſtlich, wie ſie meynen,
ihre Verdorbenheit beweint, auch darauf
Troſt empfunden haben, ſo glauben ſie, ſie
hätten nunmehro den ſchweren Stand ausgehalten, ſie ſeyen nun wiedergebohrne Kinder Gottes, ſie beruhigen ſich dabey in ihrem Wahn, weil ſie grobe Fehler, die ſie
vorhin an ſich hatten, abgelegt haben, und
da ſie öfters den an ſich ganz richtigen Satz
der Reformirten: Ein Chriſt könne nicht
wieder aus der Gnade fallen, misbrauchen,
indem ſie denken, ich bin belehrt, begnadigt,
mir kanns nun nicht fehlen, ſo bleiben ſie
ſtill ſtehen, ihr Verbeſſerungsgeſchäfte bleibt
liegen, und weil ſie ſich nun nicht ferner
mehr darum bemühen, ſo ſind ſolche Menſchen beklagenswürdiger, als wirklich ſinnliche Menſchen, die in der That wiſſen, daß
ſie noch keine Kinder Gottes ſind. Dieſe
wahrhaftig phariſäiſche Menſchen ſind eine
rechte Geiſel, eine Schande des Chriſten-
thums. Sie wollen immer Chriſten vor-
ſtellen,

stellen, die Welt siehet auf sie, bemerket
aber so viele Fehler, daß sie unmöglich von
solchen Exempeln auf die seelige Würkungen
des Christenthums schliessen kann, und diese Folgen sind um so viel schlimmer, weil
es solcher Scheinchristen eine große Menge
giebt. Sie reden schön von der Religion,
haben ein äusserlich ehrbares Wesen an sich,
mögen gar mit Niemand, als ihres gleichen,
umgeben, sie bilden sich ein, sie würden
durch den Umgang mit Weltmenschen be-
fleckt, eben wie die Pharisäer, die es Christo
unmöglich vergeben konnten, daß er so viel
mit den verhasten Zöllnern und Sündern
umgieng.

Die Zweifler und Freygeister beobachten
solche Menschen, und schliessen von ihnen
auf die Religion und das Christenthum. Diese
Schandflecke urtheilen immer über andere
neben ihnen, sind Splitterrichter, und sehen
ihren eigenen Balken nicht. Diese sind es
nicht, woran ihr die Würkungen der Religion erfahren und prüfen könnt: ob sie schon
auch oftmalen in großem Ruf der Heiligkeit
stehen. Wahre Christen verlangen nicht
dafür angesehen zu werden, sie sind verborgen, wandeln unbemerkt unter den Menschen, gehen mit allen ohne Unterschied
um,

um, wo es ihr Beruf erfordert, oder, wo
sie etwas beffern können, wo aber weder
Pflicht noch Beruf sie zum Ausgehen treibt,
da bleiben sie zurück, wandeln im Himmel
und sind im äussern Ansehen nach dem Exempel ihres Meisters, mehrentheils geringe
unansehnliche Leute. Große Uebungen und
Zusammenkünfte solcher Menschen, die sich
vor Christen bekennen, sind es selten, wo
man die recht gründliche Christen findet, ich
nehme solche Uebungen aus, wo ein wahrhaftig begnadigter Mann lehret, und getreue
Anweisungen aus Erfahrung giebt. Alle
andere führen zum Eigendünkel, zum geist-
lichen Stolz und Pharisäismus, sie mögen
so gut scheinen, als sie wollen, und darum
müßt ihr auch da den exemplarischen Menschen nicht suchen, woran ihr die raren
Würkungen der Religion prüfen wollt.

Ich habe diese Woche noch eine Erfahrung gehabt, die es sehr deutlich macht,
was ich sagen will. Verwichenen Sonntag
Nachmittag kam ein Bauer im zerrissenen
Kittel zu mir, und ersuchte mich, mit ihm
zu einer kranken Frau drey viertel Stunden ausser der Stadt wohnhaft, zu gehn, es
seyen arme Leute, sagte er, doch hätten sie
ein

ein Bauerngütgen, und fänden ihr Brod
reichlich darauf, sonsten aber könnten sie wenig oder nichts ersparen. Ich gienge alsofort mit. Bey meiner Ankunft fand ich
eine elende Hütte, die kaum vor dem Regen
schützte, in der Küche gieng der sechszig-
jährige Mann herum, um ein paar Kühe zu
besorgen, seine Füse und Beine waren sehr
dick, und mit vielen Lumpen umwunden,
mühsam schleppte er sie nach, nebst einem
Eymer Getränke vor das Vieh. Seine
Frau von eben dem Alter hörte ich schon in
jenem finstern Loch, das ihre Stube war,
jammern, und jeder Seufzer preßte dem
alten Mann eine Thräne aus. Mein Be-
gleiter, der mit seinem jungen Weibgen bey
diesen alten Leuten im Hause wohnte, fienge
auch schon beym Eintritt ins Haus an, sym-
pathetisch mit zu empfinden. Ich kroch in
die Stube hinein, wo die kranke Frau vor
einem Tisch auf einem Stuhl saß, mit dem
Haupt auf dem Tisch liegend, und unter
jedem Aug lag auf der Erden ein nasser
Fleck. Die junge Frau meines Begleiters
saß auf einer Seite, und hielt sie im Arm.
Ich setzte mich still neben die Patientin nieder auf eine alte Kiste, sie war halb in Ohnmacht, der Schmerz hatte sie aus dem Bett
getrieben, und alle Augenblick drohte der
Pa-

Paroxismus sie zu ersticken. Die Gedärme
zogen sich im Unterleib wie eine Kugel zusammen, und ihr Schmerz war grausam.
Die Patientin nahm mich nicht wahr; jeder Seufzer war ein brünstiges Stoßgebeth-
lein zum Vater im Himmel, und um Vergebung der Sünden zum Erlöser. Zuweilen
wenn der Schmerz ein wenig nachließ, so
floßen aus der Fülle ihres Herzens solche wesentliche Ausflüsse einer vollkommenen Begnadigten Seele, daß ich über solche Erkenntnisse und Erfahrungen erstaunen mußte, besonders da diese Person nicht einmal
lesen konnte. Ich wurde aufs äußerste ge-
rührt, ergriff sie bey der Hand und grüßte
sie. Darauf drehte sie das Haupt um, sie
rauchte wie ein Ofen, und der Angstschweiß
floß über das Gesicht herunter. Sie sahe
mich voller Sehnsucht an, und voller Gnade und Grosmuth sprach sie: Herr Dokrotl
könnt ihr mir nur den Schmerz lindern, so
thut es! könnt ihr aber nicht, so geschehe
meines Herrn Wille! — Ich sprach ihr
zu, ermunterte sie zum heldenmüthigen
Aushalten in diesen Leiden, und ermahnte
sie mit kindlichem Zutrauen in ihrem Gebeth
unabläßig fortzufahren, damit es dem Herrn
gefallen möchte, meine Mittel zu seegnen.
Und so eilte ich voller Wehmuth nach Haus,
um

nm ihr geschwind Hülfe zu schaffen. Der
gute Mensch, der mich abgeholt hatte, lief
ungeheisen wieder mit mir, um die Arzeney
geschwind mitzunehmen, ob er gleich keinen
Lohn davon bekam, auch gar nicht mit den
alten Leuten verwandt war. Er hatte gemerkt,
daß ich christlich mit der Frau gesprochen
hatte, daher war er nun offenherziger, und
auch hier erfuhr ich wiederum die Gewalt
der Religion auf die Besserung des Herzens;
der Mensch floß über von himmlischer Ge-
sinntheit, Liebe und Rechtschaffenheit. Ehe
er wieder nach Haus gieng, zeigte er mir
seinen rechten Fuß, über welchen ich von
Herzen erschrack, und ich mir nicht vorstel-
len konnte, wie der Mensch so munter und
geschwind in dem schmutzigen Regenwetter mit
mir fortlaufen können. Ein paar Tage hernach kam die gute Frau selber an meine
Thür, und ich konnte sie nicht bewegen, in
meine Stube zu gehen. Sie hatte funfzehn
Stüber in ein Papier gewickelt, die sie mir
für meine Treue Hülfe, wie sie sagte, abso-
lut aufdringen wollte. Sie sagte: Sie hätte nicht mehr, dieses aber gäbe sie von Herzen gern, und wenns noch dreymal so viel
wäre. Ich redete verschiedenes mit ihr an der
Thür, fandte Schätze von Weisheit und
Gnade bey ihr, und so entließ ich sie im Se-
K   gen

gen und mit naſſen Augen. Bey dieſer
Gelegenheit fiel mir das einfältige aber ſon-
ſten ganz vortrefliche Lied ein: **Es glänzet
der Chriſten inwendiges Leben,** und unter andern die Strophen:

> Sie ſcheinen von auſſen die ſchlech-
> reſten Leute,
> Ein Schauſpiel der Engel, ein
> Ekel der Welt.

Und in einer andern Strophe:

> Sie wandeln auf Erden, und leben
> im Himmel;
> Sie bleiben ohnmächtig und ſchützen
> die Welt;
> Sie ſchmecken den Frieden bey al-
> lem Getümmel;
> Sie haben, die Aermſten! was ih-
> nen gefällt;
> Sie ſtehen in Leiden, und bleiben
> in Freuden;
> Sie ſcheinen ertödtet den äuſſeren
> Sinnen;
> Und führen das Leben des Glaubens
> von innen.

Solche

Solche Kleinode der Menschheit und Geburten der Religion Christi sind zwar rar, aber doch noch aller Orten anzutreffen. O möchten sie seyn, wie ein Ferment, welches das ganze menschliche Geschlecht durchdringet! Allein dieses wird wohl ein vergebener Wunsch seyn.

Ich kann mich nicht weiter über die Würkungen der Glaubenskur ausbreiten. Gnug sie sind die Erfüllung des reinsten Naturgesetzes, und derowegen schließe ich dieses gutgemeynte Traktätgen, und bitte alle Leser desselben nicht auf Styl und Schreibart, sondern auf die Wahrheit zu merken.

O du vollendeter Herzog der Seeligkeit, König der Menschen! heilige diese dir geweyhete Schrift durch deinen Geist der Wahrheit, lege Kraft und Nachdruck auf jedes Wort, auf daß alle, die es lesen werden, von deinem Licht durchstrahlet und erleuchtet, wiederkehren mögen zu deinem glorreichen Scepter des Friedens. Zieh doch täglich eine Anzahl deiner Menschen, eine große Anzahl zu dir, in deine Vestungen, und steure allen Werkzeugen des Unglaubens, damit sie nicht länger dein Reich verwüsten

K 2 und

schwachen mögen: Mein Herr und mein
Gott! hier lege ich die Feder vor deinem
Throne nieder, laß mich sie nie brauchen,
als zum Preise deines Namens, und zu Be-
förderung meiner und meines Nächsten
Glückseeligkeit. Dir sey Lob, Preis und
Herrlichkeit gebracht von einem Ende der
Welt zum andern, bis in die Ewig-
keiten. Amen!